クラウド時代の著作権法

激動する世界の状況

［著］
小泉直樹・奥邨弘司・駒田泰土
張 睿暎・生貝直人・内田祐介

はしがき

　クラウド・コンピューティングという新技術をわれわれの生活にどう活かしていくか．すでに，世界的には，インターネットを通じた音楽配信ビジネス，そして電子出版など，クラウドを利用した新たなビジネス・モデルが日々登場しており，どちらかというと歩みの遅かったわが国にも，すでに「黒船」がやってきている．今後，本格的な「開国」へと進むのか，それとも「ガラパゴス」の道を選択するのか，まさに瀬戸際といえよう．

　クラウドを利用した新規ビジネスのサービス・インに際して，しばしばリスク，あるいはネックとして語られるのが「著作権」という存在である．たしかに，個別の権利処理のコスト，万一の場合の訴訟のリスクは著作物を利用した新規ビジネスへの参入をためらわせるかもしれない．

　しかしその一方で，著作権制度には，なお今後の創意工夫次第では，クラウド・コンピューティングが生み出す新たな市場の果実をクリエーターに還元し，さらなる創作への呼び水となりうる最後の力を秘めているようにも思える．

　苦しんでいるのは，日本だけではない．本書では，欧州，米国を中心に，諸外国の状況を詳しく紹介している．その結果明らかになるのは，各国それぞれの事情を背景とした相違点とともに，国境を越えた課題の共通点である．

　本書は，株式会社KDDI総研の場において，2011年秋より1年半にわた

り開催された著作権研究会における報告・討論をもとにしている．研究の場を設けていただき，支援していただいた東条続紀同社代表取締役社長，篠原聡兵衛調査3部長をはじめとする皆様に感謝申し上げる．

　勁草書房宮本詳三編集部長，鈴木クニエ氏には，刊行にあたり種々ご配慮いただいた．記して御礼申し上げる．

平成25年3月11日
大震災から二年目の春に

小泉直樹

目　次

はしがき　i

序　章　クラウド・コンピューティングとは何か　奥邨弘司　1

   1　クラウド・コンピューティングとは何か　1
   2　検討の視点　6
   3　クラウド型流通　14

第1章　日本における
　　　　クラウド・コンピューティングと著作権　小泉直樹　25

   1.1　文化庁「クラウドコンピューティングと著作権に関する調査研究報告書」（平成23年）　25
   1.2　平成24年著作権法改正　27
   1.3　間接侵害　28
   1.4　国際著作権ルールの視点――フィチョール論文　39

第2章　欧州における
　　　　クラウド・コンピューティングと著作権　駒田泰土　43
　　　　プロバイダーの責任制限に係る法理の展開に焦点を当てて

   2.1　はじめに　43
   2.2　差止めの被請求人の範囲　44
   2.3　監視義務　53

2.4 免責ルールの適用　62
2.5 若干の考察——結びにかえて　68

第3章　米国におけるクラウド・コンピューティングと著作権　奥邨弘司　71
ロッカー・サービスに焦点をあてて

3.1 はじめに　71
3.2 ロッカー・サービスと米国著作権法　71
3.3 MP3tunes 事件　77
3.4 まとめにかえて　96

第4章　インターネット上の著作権侵害の事前的対応としてのスリーストライクルールの現状　張 睿暎　99
諸外国におけるインターネットアクセス切断の動き

4.1 はじめに　99
4.2 諸外国におけるスリーストライクルールの現状　104
4.3 スリーストライク法制の導入と運用において現れた問題点および今後の課題　127

第5章　諸外国におけるオープンデータ政策と著作権　生貝直人　135

5.1 はじめに　135
5.2 公共セクター情報の著作権の取り扱い　137
5.3 EU における取り組み　140
5.4 公共セクター情報の著作権ライセンス　144
5.5 わが国に対する示唆　152

第6章 電子指紋にもとづく著作権コンテンツの自動検出技術　内田祐介　157

- 6.1 はじめに　157
- 6.2 著作権コンテンツ検出技術　158
- 6.3 映像指紋技術　160
- 6.4 音響指紋技術　162
- 6.5 技術水準　163
- 6.6 まとめ　167

索引　169
執筆者略歴　173

序章　クラウド・コンピューティングとは何か

奥邨弘司

1　クラウド・コンピューティングとは何か

1.1　クラウド・コンピューティングの登場

　クラウド・コンピューティング（以下，クラウド）という用語は，グーグルの会長（当時 CEO）であるエリック・シュミット氏（Schmidt, E.）が用いたのが最初ではないかとされる[1]．彼は，2006 年 8 月 9 日に開催された検索エンジンカンファレンスにおいて，「データに関するサービスも，アーキテクチャーも，サーバー上にあるべきだということから，この（筆者注：コンピューティング）モデルは始まります．私たちはそれを『クラウド・コンピューティング』と呼んでいます．サービスもアーキテクチャーも，どこかの『クラウド（雲）』のなかにあるべきなのです．そして，もし，適切なブラウザと適切な（筆者注：ネットワーク）アクセスがあれば，PC でも，Mac でも，携帯電話でも，BlackBerry でも，その他のものでも，さらにはこれから開発される新しいデバイスでも，あなたはクラウドにアクセスできるのです．」[2]などと発言している．彼のこの発言は次に見る NIST の定義のポイントをほぼ言い当てており，クラウド時代の幕開けを宣言し

---

1) 朝日新聞 web サイト〔http://www.asahi.com/topics/ クラウド・コンピューティング.php〕参照．
2) http://www.google.com/press/podium/ses2006.html．岡村久道編『クラウド・

たものと評価できよう．

　ところで，彼が，サーバー群の存在場所をクラウドと呼んだのは，ネットワークを表す図において，インターネットを雲形の図形で表現するのが，業界の常だったからだというのが定説になっている[3],[4]．

1.2　NISTの定義

　クラウドに関する定義として，もっとも頻繁に引用されるのは，米国国立標準技術研究所（NIST）のものであろう．すなわち，

> クラウド・コンピューティングとは，最小限度の，管理努力またはサービス提供者とのやりとりによって，迅速な提供や解放が可能であり，かつ構成の変更が可能な共同使用コンピュータ資源（例：ネットワーク，サーバー，ストレージ，アプリケーションその他のサービス）への簡便かつオンデマンドのネットワークアクセスを可能とするモデルのことである[5]．

　そのうえで，NISTは，「クラウド・コンピューティング・モデルは，5つの必須の特徴，3つのサービス・モデル，4つの展開形態を可能なものとし，かつまたそれらによって構成される」と指摘している．なお，NISTのあげる「5つの必須の特徴」とは，オンデマンド・ベースのセルフサービス，ブロードバンド・アクセス，リソースのプール，迅速な柔軟性およ

コンピューティングの法律』（民事法研究会・2012）［下道高志担当］341～342頁参照．本稿の訳は筆者．
3)　朝日新聞webサイト・前掲注1)．
4)　このような誕生の経緯もあって，クラウドという言葉は，技術的な用語ではなくて，ビジネス上のキャッチフレーズのようなものにすぎないとの指摘もある．
5)　The NIST Definition of Cloud Computing [2009]〔http://www.nist.gov/itl/cloud/upload/cloud-def-v15.pdf〕

び従量制サービスのことであり,「3つのサービス・モデル」とは,SaaS[6],PaaS[7]およびIaaS[8]のことであり,「4つの展開形態」とは,プライベート・クラウド,コミュニティ・クラウド,パブリック・クラウドおよびハイブリッド・クラウドのことである.

1.3 コンピューティング・モデルの変遷とクラウド

(1) NISTの定義は技術的かつ網羅的であるため,文系の人間には,なかなか難しい.そこで,理解を深めるため,コンピューティング・モデルの歴史を簡単にひもといてみたい[9].

　1980年代ごろまでは,業務に耐えるような性能を有するコンピュータはメインフレームなどと呼ばれる大型できわめて高価なものしか存在しなかった.各企業は,そのようなメインフレームを(場所の点でも,費用の点でも)そこかしこに設置することはできないため,コンピュータの助けが必要となるような作業は,すべて1台のメインフレームに集中して処理された(集中処理モデル).

(2) しかしながら,主として半導体技術の急速な進歩によって[10],パーソナル・コンピュータよりも少し大きい程度で,価格もそれほど高価でないながらも,業務上の使用に耐えるコンピュータが市販されるようになった.また,パーソナル・コンピュータ自体の処理能力も大きく向上した.そこ

---

6) Software as a Service の略.
7) Platform as a Service の略.
8) Infrastructure as a Service の略.
9) NTT コミュニケーションズ株式会社 web サイト〔http://www.ntt.com/cloud/data/knowledge_factor.html〕参照.また,寺本振透編・西村あさひ法律事務所『クラウド時代の法律実務』(商事法務・2011)〔濱野敏彦担当〕2〜4頁参照.
10) インテルの創設者,ゴードン・ムーア氏が唱えたとされるムーアの法則によれば,半導体の集積率は18カ月ごとに2倍になると予想されている.KDDI用語集〔http://www.kddi.com/yogo/情報システム/ムーアの法則.html〕参照.

で，1台のメインフレームにすべての作業を任せるのではなくて，たとえば部署ごとにサーバーと呼ばれる高機能コンピュータを設置し，各社員の手元のパーソナル・コンピュータ（サーバーに対して，クライアントと呼ばれる）との間をネットワークで結んで，サーバーとクライアントで役割分担しながら，情報処理を進める分散処理モデルが，急速に普及した[11]．

分散処理モデルの普及は，情報化社会の進展をもたらし，企業はより高機能で信頼性の高い情報処理システムを構築・運用することが求められるようになった．しかしながら，そのための設備投資と運用コストは次第に企業にとって負担となりはじめた．とくに，リーマンショック以降の企業業績の悪化によって，その傾向は顕著なものとなった[12]．一方で，インターネットの普及とブロードバンド化の急速な進展，さらには仮想化技術の進歩によって，遠隔地に存在する高機能コンピュータをインターネット経由で使用しても，性能やレスポンスその他の使い勝手の点で，自社内に設置したサーバーを使用する場合とそれほど差が認められなくなってきた[13]．しかも，そのようにしてコンピュータを使用させる業者は，通常従量制の料金体系を採用したため，自社内にサーバーを設置し管理運用する場合と比べて，経済的にも負担が軽くなり，コスト削減に邁進していた企業にとっては大きな魅力と映った[14]．また，スケーラビリティの高さは，繁

---

11) 原幹「中央集権から分散処理へ――クライアント／サーバアーキテクチャ」＠IT 情報マネジメント web サイト〔http://www.atmarkit.co.jp/im/carc/serial/web01/web01b.html〕参照．
12) 城田真琴「そろそろ『本当のクラウド』の話をしよう（後編）」［「クラウドならではの用途の探求」の節］NTT 西日本 Web サイト〔http://www.ntt-west.co.jp/solution/hint/2011/shirota2.html〕参照
13) NTT コミュニケーションズ株式会社 web サイト・前掲注9）参照．
14) 従来型の情報処理システムとクラウドとを比較する際のわかりやすいたとえとして，「持ち家」と「賃貸住宅」があげられることがある（たとえば，EnterpriseZine「オン・オフ使い分けでクラウドを使い倒す～ハイブリッド・クラウド時代の到来」〔http://enterprisezine.jp/iti/detail/3370〕参照）．そのたとえから容易に推測される

閑期で処理すべき情報量に差のある企業にとって好都合でもあった[15]。

このようにして，現在のクラウド時代にいたるわけであるが，大きな流れとしてみれば，もともと集中処理であったものが，分散処理を経て，再び集中処理に回帰したと理解することもできよう[16]。

(3) 冒頭のシュミット氏の発言，NIST の定義，そしてコンピューティング・モデルの歴史を踏まえて，大胆にまとめるなら，結局，クラウドの本質とは，仮想化技術などを用いつつ，インターネット経由でコンピュータを使用させる（業者視点）または使用する（ユーザー視点）ことなのであろう。そしてこの点は，クラウドと著作権法制の関係を考えるうえでも，重要となってこよう[17]。

次節では，便宜上日本法を念頭に，検討の視点について考えたい。

ように，たしかに初期投資は安くなるが，長期間使用し続けた場合に支払う総額が安くなるかは，個別ケースで異なろう。

なお，クラウドの特徴であるスケーラビリティを表現するためには，「持ち家」か「賃貸住宅」か，にたとえるのではなくて，「マイカー」か「レンタカー」か，にたとえる方がわかりやすいように思う。マイカーのサイズはつねに固定だが，レンタカーは TPO に応じて使い分けられ，まさにスケーラビリティを実現している。ドライバー1人で近くに出かけるなら軽自動車，家族や友人も招いて大人数で遠出するなら大型のバン，といった感じである。

15) たとえば，チョコレート・ギフトを扱うオンライン・ストアは，バレンタインデーの時期には，通常の2倍も3倍もの注文を処理しなければならない。そのため，システムは，バレンタインデーの時期の注文量がさばけ，さらに余裕をもったものとして設計され，設置，運用される。しかし，システムがフル稼働に近くなるのはバレンタインデーの時期だけであり，それ以外の時期は，システムの稼働率は低くなる。つまり，一種の「遊休資産」となるわけであり，コストの面では頭の痛い存在となる。

16) NTT コミュニケーションズ株式会社 Web サイト・前掲注9) 参照。もっとも，旧来型の集中処理とは趣が違うのは事実であるから，単純な性格付けには，批判もあるだろう。

17) 本書における検討は，特掲なきかぎり，民事責任に関するものに限定する。

2 検討の視点

2.1 ソフトウェアの使用とハードウェアの使用

(1) 先に，クラウドの本質を，仮想化技術などを用いつつインターネット経由でコンピュータを使用させる（使用する）こと，とまとめたが，そもそもコンピュータとは，ソフトウェアとハードウェアが相まって機能するものである[18]．とすると，前述のコンピュータの使用についても，その両面から検討することが必要となろう．

汎用情報処理装置であるコンピュータに，ユーザーが望む特定の情報処理機能を付与するのは，ソフトウェアの役割である．クラウドを使用するユーザーも，特定の情報処理を行うことを目的としている以上，クラウドの場合も，ソフトウェアの使用という側面は重要となる．

(2) 一方，ハードウェアの使用については，次のように考えることとしたい．ソフトウェアを実行するためには，たとえばCPUやメイン・メモリ，ハードディスク，モニター，プリンターなど，コンピュータ（システム）を構成するさまざまなハードウェアを使用しなければならない．しかしながら，CPUやメイン・メモリの使用のように，ソフトウェアの実行に付随するコンピュータ内部の処理の部分は，ソフトウェアの使用と一体のものとして捉えれば十分であろう．一方，コンピュータ内部の処理といえない「出力」に関する部分を，ここではハードウェアの使用として取り上げたい．

たとえば，手元のパソコンで，ワープロ・ソフトを使用する場合，ワープロ・ソフトを実行するということは，当然CPUやメイン・メモリなどが機能するということだから，ワープロ・ソフトの使用＝CPUなどの使用ということになるが，先述のようにこの点はあえて取り上げるまでもな

---

18) 「コンピュータ入門」Microsoft社webサイト〔http://windows.microsoft.com/ja-jp/windows7/introduction-to-computers〕参照．

い．一方で，ワープロ・ソフトで完成させた文章を，ハードディスクなどに保存する場合や印刷する場合は，「出力」のためのハードウェアの使用であり，ここで取り上げる対象となる．

　クラウドの場合も同様に考えられるのではないだろうか．クラウド（を実現するサーバー）上でソフトウェアを実行するために当然付随するシステム内の処理の部分を超えた部分，すなわち「出力」に関する場面，具体的には，クラウドを用いた情報処理の結果をクラウドのストレージ（実際にはクラウドを構成するサーバーのハードディスク）に記録する場面と，情報処理の結果を表示する場面である．もっとも，クラウドの場合，結果の表示自体はユーザーの手元の端末（およびそこに接続された周辺機器）で行うことになるから，その部分はクラウドのハードウェアの使用とはいえない．むしろ，その前段階である，情報処理結果を手元の端末宛てに，インターネット経由で送信してくる部分こそが，クラウドのハードウェアの使用ということになろう．

　以上をまとめると，クラウドにおけるハードウェアの使用のうち，注目すべきは，記録（＝複製）にかかわるものと送信にかかわるもの，の2つとなる．

2.2　ソフトウェアの使用と著作権

(1)　クラウドにおけるソフトウェアの使用に関して，著作権法を適用して検討すべき事項は少ない．理由としては，まず，ソフトウェアを実行して使用することそれ自体は，そもそも著作権の対象となる行為ではないことがあげられよう[19)・20)]．また，クラウド上で実行されるソフトウェアの大部分は，ライセンス契約の締結を前提として提供されるから，ソフトウェアの使用に関するさまざまな問題は，まずは，いわゆるライセンス契約の問

---

19)　中山信弘『著作権法』（有斐閣・2007）511頁参照．
20)　著作権法上，「利用」と「使用」は区別されており，前者は支分権に該当する行為を意味し，後者はそれ以外を意味する，という考え方（斉藤博『著作権法　第

題として対処される旨も指摘できよう．
　以下，クラウドのサービス・モデルごとに簡単に検討したい．

(2)　まず，SaaS であるが，名称から明らかなように，ソフトウェアをサービスとして使用させる（使用する）サービス・モデルである．そのため，必要なソフトウェア一式はクラウド事業者が用意することとなり，ユーザーの側でソフトウェアをインストールするようなことはない[21]．電子メールを例に考えると，従来なら，電子メールを使うために，ユーザーは，自身のパソコンに電子メールソフトをインストールする必要があった．しかし，Gmail などのクラウド型のメールの場合は，ウェブブラウザさえあれば電子メールを利用することが可能であり，ユーザーのパソコンに電子メールソフトをわざわざインストールする必要はない．

　この SaaS モデルの場合，クラウド事業者がソフトウェア一式を用意するのであるから，ソフトウェアについてライセンスを得るのもクラウド事業者ということになる．たしかにユーザーはソフトウェアを使用するが，それについて，ユーザーとソフトウェアの権利者とが直接ライセンス契約を結ぶことは想定しがたい．通常は，クラウド事業者が，ソフトウェアをクラウド上でユーザーに使用させることを明示した契約を権利者と結び，その「傘」の下で，ユーザーはソフトウェアを使用していくことになる．

---

3 版』（有斐閣・2007）55 頁参照）と，そのような区別はなく，むしろ著作物の無体的側面を用いることに注目するのが前者，有体物的側面を用いることに注目するのが後者ではないかとする考え方（作花文雄『詳説　著作権法　第 4 版』（ぎょうせい・2010）222〜223 頁参照）とが存在する．本章においてソフトウェアの「使用」という場合は，いずれの考え方によるのでもなく，単にソフトウェアを「実行」することを指している．

21)　NTT コミュニケーションズ株式会社 Web サイト〔http://www.ntt.com/cloud/data/knowledge_index.html〕，岡村・前掲注 2)〔岡村久道担当〕101 頁および一般財団法人ソフトウェア情報センター（以下，SOFTIC）編『クラウドビジネスと法』（第一法規・2012）〔上沼紫野・岩原将文担当〕49 頁参照．

(3) 次は，PaaS である．

　PaaS の場合，OS や，データベース・ソフトウェアなどの，いわゆるミドルウェアまでは，クラウド事業者が用意してくれるため，ユーザーは，そのミドルウェア上で機能する，アプリケーション・ソフトウェアをみずから用意して，クラウド上の（仮想）サーバーにインストールする必要がある[22]．この場合，OS やミドルウェアのように，クラウド事業者が用意するソフトウェアについてのライセンス関係は，SaaS の場合と同様に考えてよく，クラウド事業者が，クラウド上でユーザーに使用させることを前提のライセンス契約を結ぶことになる．

　異なるのは，アプリケーション・ソフトウェアの部分である．この部分は，ユーザー自身でライセンスを得てくる必要がある．この点，新規にソフトウェアを導入する場合は，クラウドでの使用を前提としたライセンス契約をアプリケーション・ソフトウェアの権利者と結んで，ソフトウェアをインストールすることになる．そうではなくて，すでに手持ちのソフトウェアをクラウドで使用する場合は――技術的にそれが可能であるという条件がつくが――あらためてライセンスを得なくてもライセンス契約違反にならないかを検討したうえで，違反とならないならそのままインストールし，違反となる場合は，クラウドでの使用を前提とした追加ライセンスを得たうえでインストールすることとなる．

(4) 最後に，IaaS の場合である．

　IaaS の場合は，クラウド事業者が用意するのは，（仮想的な）サーバー本体とストレージおよびネットワークアクセスだけとなるから，ソフトウ

---

22) NTT コミュニケーションズ株式会社 Web サイト・前掲注 21），岡村・前掲注 2）102 頁および SOFTIC・前掲注 21）48〜49 頁参照．

ェアは，OSをはじめとして，すべて，ユーザーが用意することになる[23)・24)]．この場合は，PaaSにおけるアプリケーション・ソフトウェアの場合と同様で，クラウドで使用することを前提としたライセンスを，ユーザーが取得するかたちとなる．

(5) 以上のように，クラウドにおけるソフトウェアの使用は，まずは，ライセンス契約の問題として把握することが可能である．したがって，著作権法を直接的に適用しなければならないのは，ライセンス契約が有効ではない場合，具体的には，①本来なら必要なライセンス契約を締結せずにソフトウェアを使用している場合か，②もともとはライセンス契約を締結して使用していたが，なんらかの理由でライセンス契約が有効でなくなった後もソフトウェアを使用し続けている場合，ということになろう．そして前述のように，ソフトウェアの使用自体は，著作権の対象ではないから，より厳密にいえば，著作権と関係するのは，前記①または②に関して生じる複製などの支分権該当行為についてである[25)]．（したがって，著作権法上ライセンス契約を結ぶ必要があるのは，ソフトウェアの使用者ではなくて，そのような支分権該当行為を行う者になる[26)]．）もっとも，以上は，クラウド特有の問題ではなくて，スタンドアロン型のデスクトップ・コンピュータ

---

23) NTTコミュニケーションズ株式会社Webサイト・前掲注21)，岡村・前掲注2) 102頁およびSOFTIC・前掲注21) 47〜48頁参照．

24) もっとも，OSまでもユーザーがインストールするとなると，手間もかかるし，また相性などの点で思わぬトラブルが発生することも考えられるため，多くのIaaS事業者は，人気の高いOSをインストール済みの（仮想）サーバーを幾種類か用意して，ユーザーの手間を省いている．

25) 中山・前掲注19) 511頁参照．もっとも，ソフトウェアに関するライセンス契約を，そのような支分権該当行為のみを許諾するものと解するべきではないし，また本文の記述はそういう趣旨でもない．

26) SaaSの場合はクラウド提供者，PaaSの場合は，ミドルウェアについてはクラウド提供者，アプリケーション・ソフトウェアについてはユーザー，IaaSの場合は原則としてユーザーとなろう．関連して，岡村・前掲注2) 96頁は，クラウド提供

でソフトウェアを使用する場合にも同様に問題になるのであって，古典的な論点といえる．よって，本書ではこの問題についてあらためて検討することは省略したい．

2.3　ハードウェアの使用と著作権

　クラウドにおけるハードウェアの使用については，記録（＝複製．よってこれ以降は単に複製とする．）に関する部分と，送信に関する部分が注目に値することは，すでに述べたとおりである．もっとも，複製行為や送信行為のうち，著作権法上の考慮が必要となるのは，著作物に関するものである．そして，著作物のうち，ソフトウェアに関しては，先に検討したところであるので，本書では，ソフトウェア以外の著作物（コンテンツと呼ぶ）のストレージへの複製や送信をめぐる問題を中心に検討したい．

2.4　権利者・事業者・ユーザー

　クラウドに関する著作権問題を考えるうえで，主たる登場人物は，「権利者」，「クラウド事業者」，「ユーザー」の3者となる．

　まず，本書において「権利者」とは，基本的に著作権者を意味する．もっとも，本書の議論の多くの部分は，著作隣接権者についてもそのまま当てはまるだろう．

　次に，「クラウド事業者」と「ユーザー」については若干整理が必要となる．たとえば，事業者AがIaaSを提供し，事業者Bがそれを使用した電子メール・サービスをSaaSとして提供し，個人Cがそのメール・サービスを使用しているような場合を想定してもらいたい．この場合，CはBの提供するサービスのユーザーであり，BはCにとってのクラウド事業者と

者がサーバーにインストールするソフトウェアをユーザーが使用する場合は，ユーザーは支分権該当行為を一切行わないから，従来型の，プログラムの複製などをともなうプログラム著作物の使用許諾契約とは同視できず，単なるサービス提供契約にすぎないと指摘する．

なる．一方で，BはAの提供するサービスのユーザーでもあり，AはBにとってクラウド事業者となる．このようにクラウドの場合，事業者，ユーザーと一口にいっても，実際は入れ子構造になっていることに留意が必要である[27]．

　ただ，著作権問題を考える場合は，必ずしもその入れ子構造をなぞって，検討を進めなければならないわけではない．たとえば，Bの提供する電子メール・サービスを使用して，Cが著作権侵害行為を行った場合，権利者が責任を問うのは，通常，CおよびBまでであって，Aにまで責任を問うのは特殊な場合であろう．重要なのは，どのサービスが問題とされているのかを明らかにし，そのサービスの直接の提供者は誰か，そしてそのユーザーは誰かを把握することである．

　なお，典型的には，ユーザーによるクラウドを使用した著作権侵害行為について，ユーザーには直接侵害に関する責任，クラウド事業者には，間接侵害または二次的侵害に関する責任が問われることになろうが，クラウド事業者自体の直接侵害責任が問われる場合もありえよう．

2.5　クロス・ボーダー

　クラウドの技術的特徴として，クラウドを実現する物理的なサーバー群の所在地が，一カ所に固定されない点をあげることができよう．NISTのクラウドの定義にいうところの「共同使用コンピュータ資源」は，サーバーが物理的に一群を構成している必要を認めない．なぜなら，物理的に離れた場所にあるサーバーでも，高速インターネット回線と，仮想化技術の組み合わせによって，「共同使用コンピュータ資源」として機能しうるからである．しかも，経済的理由や，セキュリティ上の理由から，クラウドを構成するサーバーは，一カ所に集中するのではなくて，分散することが，むしろ推奨される．結果，クラウドはクロス・ボーダー化する．ある事業者

---

[27]　SOFTIC・前掲注21) 60〜68頁はより詳細な場合分けを行っている．

が提供するクラウドが，じつは，複数の国に所在するサーバーの（仮想的な）集合体によって実現されているということが現実に起こりうる．そのため，たとえば，クラウド上での複製といっても，実際には，複数の国に存在するサーバーへの分割複製だった，というのはしばしば生じる事態といえる．

　また，クラウドのクロス・ボーダー化は，クラウド事業者とユーザーの関係のなかでも認められる．インターネット経由でサービスを利用するというクラウドの特性に照らすと，P国の事業者が提供しているサービスを，Q国のユーザーが使用するのは，特別なことではない．また，事業者とユーザーの入れ子構造のなかでもクロス・ボーダー化はありうる．たとえば，R国の事業者が提供するIaaSサービスを使用して，S国の事業者がSaaSサービスを提供し，それをT国のユーザーが使用する，というような状況である．

　このようなクロス・ボーダー化が，クラウドをめぐる紛争解決を困難にすることはいうまでもない．著作権法上の問題としても，いわゆる国際私法の問題をはじめ，種々の困難な問題を生じることになろう[28]．ただ，それらはいずれも，クラウドをめぐる著作権問題の応用問題である．以下の章でみるように，クラウドについては，いまだ基礎的な問題さえ検討が緒についたところである．そこで，本書では，クロス・ボーダー化に関しては，問題の存在を指摘するにとどめたい．

---

28) 詳細は，寺本・前掲注9)［髙木楓子・深津拓寛・濱野敏彦担当］191～215頁，岡村・前掲注2)［町村泰貴・岡村久道担当］313～326頁およびSOFTIC・前掲注21) 11～17頁参照．

3　クラウド型流通[29]

3.1　コンテンツとコンテナ

　序章の最後として，少し視点を変えて，クラウドによるコンテンツ流通の変化が，著作権法制に及ぼす影響について簡単に考えたい．

　クラウドの理想からいえば，コンテンツを含むデータはすべてクラウドに預けてしまい，ローカル（手元）には一切保管せず，必要に応じてクラウドにアクセスして利用する，ということになるだろう．ところで，コンテンツ（content）とは本来，中身や内容を意味する言葉であり，エンターテインメントの世界では，CDやDVDなどに記録された中身である音楽や映像を指す．そして，コンテンツが中身なら，当然，その容れ物（container：コンテナ）の存在が前提となる．音楽や映像が中身ならば，CDやDVDはその容れ物である．われわれは長らくの間，コンテンツの流通といいつつ，じつはコンテナの流通を問題としてきたという現実がある．たとえば音楽の流通とは，レコードやCDの流通のことであったし，映像ソフトの流通はVHSやDVDの流通のことであった[30]．もしこれらを著作権法的に正確にいうなら，順に，「音楽著作物の複製物」の流通，「映画の著作物の複製物」の流通と呼ばれるべきであろう．もっとも，コンテンツの流通＝コンテナ（複製物）の流通と捉えてよい時代は長かった．

　しかしながら，先に述べたようなクラウドの理想が当たり前の世の中が

---

29)　拙稿「クラウド，プライベート・ユース，オープン・コミュニティと著作権法制　—これからの10年のために—」『知財管理』2013年4月号（日本知的財産協会・2013）では，ここで論じた問題とほぼ同様のものについて，日本法の観点から，もう少し詳しく論じている．

30)　本田雅一「本田雅一の週刊MOBILE通信　"モバイルの時代"で変化するコンテンツ・オーナーシップという考え方」PC Watch〔http://pc.watch.impress.co.jp/docs/column/mobile/20110118_420967.html〕中の「"コンテンツを購入する"ということ」の節参照．

実現されると，状況は大きく変化する．クラウド上に（正確には，サーバー上に）コンテンツを預けておけば，いつでも，どこでも，どんな端末からでも，コンテンツを利用することが可能となる[31]．たとえば，これまでなら，CDに収録されたお気に入りの音楽を出先で聴くためには，コンテナであるCD自体を持ち出すか，それとも，ポータブルオーディオ機器などの別のコンテナに音楽を移し替えて持ち出すかする必要があった．しかし，クラウドを利用すれば，そういった必要はなくなる[32]．結果，われわれは，近い将来コンテナの存在を意識しなくなるだろうし，コンテンツの流通を，コンテナの流通と同視することもなくなっていくだろう．このことは著作権法制にどんな変化を与えるのか．

3.2　コンテンツの所有

（1）たとえば，米国著作権法106条（3）は，コンテンツを記録したCDやDVDなどのコンテナを公衆に対して頒布することに関する権利を定める[33]．もっとも，109（a）条はいわゆるファースト・セール・ドクトリンを規定するから，適法に作成され第一譲渡されたコンテナの所有者は，コンテンツの権利者の許諾なく，当該コンテナについて，売却その他専有を

---

31) 本田・前掲注30)の冒頭部分参照．
32) たとえば，株式会社レコチョクが2013年1月23日にプレスリリースした「レコチョク　Best」サービスの場合，クラウド上の楽曲を，スマートフォンやPCなどの端末から，ストリーミングで聴くことが可能とされている〔http://recochoku.jp/corporate/pdf/n_20130123.pdf〕．もっとも，現状，つねに端末のインターネット接続が確保されているとはかぎらないため（例：地下鉄内など），過去聴いたことのある楽曲のうち一定のものは，端末内にキャッシュされる仕組みとなっている．その意味では，端末はコンテナとして機能していることになるが，通信圏外をカバーするための補助的な手段にすぎず，ユーザーはそのようなコンテナの存在をほとんど意識しないだろう．
33) 106条（3）は，「著作権のある著作物のコピーまたはレコードを，販売その他の所有権の移転または貸与によって公衆に頒布すること」を著作者の排他的権利とする．〔条文の日本語訳は山本隆司「外国著作権法令集　アメリカ編」著作権情報センターWebサイトを引用〕

処分できることとなっている[34)・35)]．また，わが国についても，著作物の複製物（映画の著作物の複製物であって劇場での上映を目的とするものを除く）の譲渡に関する権利は，最初の適法譲渡以降は消尽する[36)]．

しかしながら，ファースト・セール・ドクトリンや消尽は，コンテンツの流通がコンテナの流通に他ならないことを前提とした制度であった．したがって，コンテナの流通のないところに，ファースト・セール・ドクト

---

34) 「第106条（3）の規定にかかわらず，本編に基づき適法に作成された特定のコピーもしくはレコードの所有者またはかかる所有者の許諾を得た者は，著作権者の許諾なく，当該コピーまたはレコードを売却しその他占有を処分することができる．」〔山本・前掲注33）〕

35) 多少乱暴にいえば，ファースト・セール・ドクトリンとは，コンテンツを内包するコンテナが適法に作成され第一譲渡された後は，当該コンテナを譲渡しようが貸与しようが，どう処分しようとコンテナの所有者の勝手であり，コンテナに含まれるコンテンツの権利者の指示は受けない，ということであろう．すなわち，米国では，すべての著作物について頒布権が認められているが，それは消尽するものであるのが原則となっている．したがって，米国の場合は，適法に入手したコンテナの所有者は，譲渡だけでなく，貸与も自由に行うことができる．（レコードとコンピュータ・プログラムについてのみ，レンタルビジネスがもたらす被害への対応から，ファースト・セール・ドクトリンの例外として，限定的に，貸与権が認められたにすぎない．）

一方，わが国の場合は，消尽とはあくまでも再譲渡が可能という趣旨になる．というのも，わが国では，映画の著作物のみに消尽しない頒布権が認められ，他の著作物には頒布に関する権利は認められていないという状況から出発し，その後，映画以外の著作物について，まず，貸与権が認められ，さらにその後，映画以外の著作物に消尽する譲渡権が認められた，という経緯をたどったからである．

36) わが国では，映画の著作物以外の著作物については，著作権法26条の2第2項に，譲渡権の消尽が明文で規定されている．一方，映画の著作物については，著作権法26条にもとづくかぎり頒布権は消尽しないが，中古ゲームソフト事件最高裁判決（最判平成14年4月25日民集56巻4号808頁）の趣旨に鑑みると，公衆に提示することを目的としない映画の著作物の複製物（たとえば，市販のDVDなど）については，いったん適法に譲渡された後は頒布権のうち譲渡にかかる部分は消尽すると解することになろう．前記最高裁判決前のものであるが，中古ビデオソフト事件判決（東京地判平成14年1月31日判時1791号142頁）は，ビデオソフトについて，前記同様の結論にいたっている．

リンや消尽の適用は生じえない．現に米国では，ユーザーの手元に複製物を作成することを前提とする著作物の電子配信（ダウンロード型の配信ということもできよう．なお，業界的には，Electric Sell Through（EST）とも呼ばれるが[37]，その方がより実態に近いと思われるので，以降は，ESTと呼ぶことにする．）は，頒布権の対象と捉えられているが[38]，その一方で，ファースト・セール・ドクトリンは働かないというのが，これまでの理解となっている[39]．わが国に関しても，日本国著作権法26条の2の文言からするかぎり，ESTの場合に消尽は生じないように解される．しかし，本当にそれでよいのだろうか．

　もっとも，この問題は，ESTの場合も，ファースト・セール・ドクトリンや消尽を適用すべきか否かという問題では終わらない．なぜならその行き着く先には，コンテンツの所有とは，はたして何を意味するのか，という根源的ともいえる問いが控えているからだ．

(2) これまでわれわれは，コンテナの所有を通じて，コンテンツを所有してきた．われわれがCDやDVDを購入するのは，物理的な円盤そのものに価値を見いだしてのことではない．その円盤に記録されたコンテンツの価値に対して対価を支払ってきたのである．つまり，コンテナの購入＝コンテンツの購入であったし，コンテナの所有＝コンテンツの所有であった．なお，ここでいうコンテンツの所有とは，コンテナを所有することで手元にコンテンツが存在する状況を指し（結果，コンテンツを視聴できる），著

---

37) 映像配信のさまざまなサービス形態とその状況について解説するものとして「トピックジャーナル10月号　Hulu上陸．日本の映像配信の行方は？」キネマ旬報映画総合研究所Webサイト〔http://www.kinejun.com/kri/topic/tabid/178/Default.aspx?itemid=15〕参照．
38) 山本隆司『アメリカ著作権法の基礎知識　第2版』（太田出版・2010）88頁参照．
39) マーシャル・A・リーファー［牧野和夫監訳］『アメリカ著作権法』（レクシスネクシス・ジャパン・2008）442〜443頁参照．

作権の所有とは別物である[40]．したがって，コンテンツの所有，そのものについては，法律上はあまり注目してこなかった．しかしながら，コンテンツの所有という概念は，われわれの行動に影響を及ぼす，じつはかなり強力な存在である．以下に，その例を紹介したい．

現在，欧米で人気を集めているクラウド型のコンテンツ配信サービスは，サブスクリプション・システム（典型的には，月額会費を支払って会員になれば，映画や音楽をどれだけ視聴しても，追加料金を請求されることはないような料金システム）を採用している．有名なところとしては，米国のNetflix[41]（映画），欧州のSpotify[42]（音楽）があげられよう．

ではなぜ，サブスクリプション・システムなのか．もちろん，ユーザーにとってのお得感がポイントであることは否定しないが，コンテンツの所有という概念からも答えることができる．サービス提供者が，そのユーザーとすることを狙う層は，すでに，CDやDVD，書籍などのコンテナのかたちで，手元にたくさんのコンテンツを所有している．いかにクラウド型のコンテンツ流通が便利なものであるといっても，すでに手元に所有するコンテンツと同じものを，あらためてクラウド型の流通で購入する者はかぎられよう．「もったいない」という素朴な感覚は，クラウド型流通の普及にとって，最大の壁なのである．しかし，この壁は，サブスクリプション・システムによって乗り越えることができる．なぜなら，ユーザーのコンテンツ所有意識は，膨大な数の見放題，聞き放題リストのなかに，希釈され

---

40) 著作権の所有が，Copyright Ownershipなら，コンテンツの所有はContent Ownershipということになろう．Content Ownershipについて理解するうえでは，本田・前掲注30）が必読である．

41) 〔https://signup.netflix.com/global〕なお，定額使用料を支払うタイプのVOD（Video on Demand）のことをSVOD（Subscription VOD）と呼ぶ．キネマ旬報映画総合研究所Webサイト・前掲注37）参照．

42) 〔http://www.spotify.com/int/〕

てしまうからである[43]・[44].

　クラウド上の自分専用の記録領域をロッカーに見立て，そこに，ユーザーがコンテンツを保管し，保管したものを，いつでも，どこでも，どんな端末からでも，インターネット経由で視聴などができるようにするロッカー・サービス[45]が人気を集めるのも，似たような理屈からである．手元に所有するコンテンツと同じものをあらためて購入し直すのではなくて，それを活かしながら，クラウドの便利さを享受したい．そういったユーザーの素朴な思いを実現するのが，ロッカー・サービスなのである．

（3）コンテンツの所有は，クラウドによって，大きく姿を変えることだろう．すでにみたように，コンテンツの流通現場から，次第にコンテナは姿を消していくであろう．したがって，従来のようにコンテナの購入・所有＝コンテンツの購入・所有という関係は成り立たなくなる．そのとき，コンテンツを所有するとは何を意味するのか．

　法律面は別として，実体面においては，クラウド上に存在するコンテンツを，視聴したり享受したりする権限を有していることが，コンテンツを所有していると理解されることになるだろう[46]．つまり，クラウド時代においては，クラウド上のコンテンツにアクセスする権限を有していることこそが，コンテンツを所有するということになるのだ．

---

[43]　本田・前掲注30）中の「"コンテンツを購入する"ということ」の節も参照．
[44]　もっとも，「希釈」されて気にならなくなるからといって，今所有しているコンテンツを処分してしまってよいかは考えものである．
[45]　ロッカー・サービスに関しては，「第3章　米国におけるクラウド・コンピューティングと著作権　ロッカー・サービスに焦点を当てて」を参照．また，ロッカー・サービスとわが国著作権法上の課題について，奥邨弘司「ロッカー・サービスと著作権」高林龍＝三村量一＝竹中俊子編『年報知的財産法2012』（日本評論社・2012）11頁以降参照．
[46]　本田・前掲注30）の冒頭部分参照．

(4) このような変化は，ファースト・セール・ドクトリンや消尽の問題にも影響するだろう．ファースト・セール・ドクトリンや消尽は，コンテナの所有者＝コンテンツの所有者と著作権の所有者との間の利害関係を調整するための権利制限規定であった．そして一定の場合，コンテナについて自由な流通を認める結果として，その限りでコンテンツの流通の自由も実現する効果を有していた[47]．とすると，クラウド時代になって，コンテンツの所有の形態が変化するのならば，それに応じた調整規定（原理）が必要にならないだろうか．そして，ファースト・セール・ドクトリンや消尽の問題の他にも，コンテンツの所有との関係では，次のようなことが問題となろう．

　これから10年後にコンテンツの流通のほとんどがクラウド型になった社会を想定してほしい．Aというクラウド型の音楽配信サービスを使用していたあるユーザーが，今後はサービスBに乗り換えようとしたとき，彼・彼女は，サービスAで購入した音楽をサービスBにもっていけるのか，再購入が必要なのか．また，彼・彼女が使用していたサービスAが，倒産などである日突然サービスを停止した場合どうなるのか．これまでなら，レコード会社が倒産しても，すでに購入したCDに影響が及ぶというようなことはありえなかった．それと同じ状況を確保できるのか．

(5) これらの問題への対応は，とりあえず，提供するサービスの内容の問題として，各クラウド事業者に委ねられるという考え方もあろう．たしかに，ユーザーが安心してコンテンツを入手できる環境をいかに整えるかは，サービス提供者にとって，工夫のしどころ，競争上優位に立つための要であろうから[48]，さまざまな工夫が行われるにちがいない．

---

47) 消尽原則の趣旨については，島並良「デジタル著作物のダウンロードと著作権の消尽」高林龍＝三村量一＝竹中俊子他編『知的財産法の国際的交錯』（日本評論社・2012）224～225頁が詳しい．

48) 関連して，本田・前掲注30）の「作品への投資を保護」の章参照．本田雅一

しかしながら，クラウド事業者がユーザーにコンテンツの所有を保障しない場合，それを実現しようとする第三者が現れるのは想像に難くない．事実，その初期形態ともいえる事案がすでに裁判所で争われている．

　ReDigi という米国のベンチャー企業は，ユーザーが Apple 社の iTunes で購入した楽曲を「中古」販売できる仕組みを開発してサービスを開始し，レコード会社から訴えられている．現在 iTunes で販売されている楽曲は，この節で取り上げたような完全なクラウド型の流通ではなくて，EST である．ReDigi は，ユーザーが iTunes で購入して手元にダウンロードした音楽ファイルを他のユーザーに販売する（インターネット上の仮想）市場システムを開発・運営している．もっとも，ユーザー A が，ユーザー B に，EST で入手したファイルを譲り渡すというのは，よく考えれば，ユーザー B に複製物を送信するというのと異ならず，たとえば P2P ファイル交換などとなんの違いもない行為なのではないかとの疑問が浮かぶだろう．しかし，ReDigi によれば，彼らの運営する市場に参加するには，専用アプリケーション・ソフトウェアをインストールする必要があり，そのソフトウェアには，他のユーザーに「中古」販売したファイルを，元のユーザーのパソコンから削除する機能が備わっているというのである．つまり，「中古」販売の前後で複製物の数は増えず，リアルの世界での複製物の販売と同じことをインターネットの世界で実現しているにすぎないから，ファースト・セール・ドクトリンが適用されるべき，というのだ．もっとも，この主張は裁判所には容れられなかった．ユーザーが ReDigi の市場に参加する際，ユーザーの手元の楽曲は ReDigi のサーバに複製されるが，裁判所は，前記複製は，中古販売目的の複製であってフェア・ユースには当たらず，そのような違法複製物は，著作権者が流通に乗せた複製物とはいえないから，ファースト・セール・ドクトリンの適用はない旨，判断した[49]．

「本田雅一の AV Trends "ポスト BD" の本命？ UltraViolet の理想と現実」AV Watch〔http://av.watch.impress.co.jp/docs/series/avt/20120119_505242.html〕も参照．
49) Capitol Records v. ReDigi, 2013 U.S. Dist. LEXIS 48043（S.D.N.Y. March 30,

一方，ヨーロッパのユーズドソフト事件では，ダウンロード販売されたコンピュータ・ソフトウェアに関して，一定の場合，EU 域内の譲渡権が消尽する旨，欧州司法裁判所の見解が示されている[50]．

これらのケースでは，本節で問題とした完全なクラウド型のコンテンツ流通ではなくて，その前段階である EST の場合に，ファースト・セール・ドクトリンや消尽が適用されるか否かが問題となった．3.2（1）でみたように，これまでの理解としては，適用は否定的に解されてきた．しかし，先述のヨーロッパのユーズドソフト事件では，限定的ながら，EST の場合に，譲渡に関する権利の消尽が認められた．また，Redigi のケースでは，現状ファースト・セール・ドクトリンの適用が否定されたものの，先行研究によれば，米国や日本においても，従来考えられていたように，ファースト・セール・ドクトリンや消尽の適用が当然に排されるかについては，議論のあるところである[51]．

そして仮に，EST についてファースト・セール・ドクトリンや消尽が適用されることとなった場合，「中古」販売を嫌う権利者やクラウド事業者は，技術的な保護で対抗したり，EST から完全なクラウド型流通にシフトしたりするだろう．そのとき，コンテンツの所有とは何かが改めて議論されることになろう．

3.3　アクセス権

より長い目で見れば，クラウド型流通の普及の先に，われわれは，アクセス権の問題と直面することになるだろうと筆者は考える．

アクセス権といえば，著作権の世界に長くかかわっている人は，かつて

2013）.

50）　UsedSoft GmbH v Oracle International Corp., Case 128/11（3 July 2012）

51）　ReDigi のケースには触れていないが，日米欧に関して，EST の場合に消尽原則が適用されるか否かという問題を詳細に検討するものとして，島並・前掲注 47）209 頁以降がある．

議論されたアクセス権のことを思い浮かべるかもしれない．しかしながら，これからわれわれが直面することになるアクセス権は，過去のそれとはまったくの別物である．というのも，かつて議論されたのは，著作物へのアクセスを許諾する権利としてのアクセス権であった[52)・53)]．しかし，クラウド時代のアクセス権は，180度逆のベクトルをもつ．すなわち，ユーザーにアクセスを許諾する権利ではなくて，ユーザーが著作物にアクセスすることを保障するための権利としてのアクセス権である．それは，コンテンツの所有を一定程度保障する権利といってもよいだろう．

　これまで著作権法は，著作者の利益は「権利」によって保護する一方で，利用者の利益は「権利の制限[54)]」によって保障してきた．その意味で，利用者の利益をアクセス権なる「権利」で保護するのは，既成概念の枠外のことであり，少なからぬ抵抗感があるだろう．しかしながら，今後クラウド型流通が普及すれば，それは，避けて通れない課題かもしれない．

---

52) アクセス権の議論の前提は，著作物へのアクセスは著作権の対象となる行為ではないという点にある．斉藤・前掲注20) 56～57頁参照．
53) たとえば，わが国における議論については，『文化審議会著作権分科会審議経過報告　平成15年1月』〔http://www.mext.go.jp/b_menu/shingi/bunka/toushin/030102b.htm〕および『文化審議会著作権分科会報告書　平成16年1月』17～18頁〔http://www.mext.go.jp/b_menu/shingi/bunka/toushin/030102b.htm〕参照．
54) ここにいう「権利の制限」とは，権利制限規定のことだけではなくて，たとえば，演奏や上映などの権利の対象が，「公に」行うものにかぎられていることなども含む．

第 1 章　日本におけるクラウド・コンピューティングと著作権

小泉直樹

1.1　文化庁「クラウドコンピューティングと著作権に関する調査研究報告書」(平成 23 年)

　本報告書は，クラウド・サービスと著作権法についての政府レベルでの検討結果として重要なものである．
　まず，同報告書 1 頁は，調査の背景について以下のように述べる．

> 「クラウドサービス」は，様々な分野で既に提供されてきているが，映像や音楽といったコンテンツ分野においても提供が始まっており，例えば，インターネットを経由して，ユーザーが保有する様々な端末（パソコン，スマートフォン，携帯電話等）でコンテンツを視聴等することを可能とするサービス等が展開されており，米国では，グーグル社の「Music Beta by Google」や，アップル社の「iCloud」などのサービスが提供されている．
> 　一方で，我が国においては，一部を除いて，こうしたサービスの展開に至っていないが，その背景の一つとして，わが国の現行著作権法上の課題が指摘されている．すなわち，例えばこうしたサービスを展開するに当たって，クラウド上のサーバーに音楽等を複製する行為主体をどのように捉えるかによっては，当該複製が著作権侵害に当たってしまうのではないかといった指摘がなされており，著作権法と「ク

ラウドサービス」との関係についての検討が求められている．この点，文化審議会著作権分科会報告書（平成 23 年 1 月）においても，「例えば，クラウドコンピューティングの進展等，情報通信技術の発展等に伴う著作物の創作や利用を取り巻く環境の変化については，今後もその動向に留意することが求められる．」，「クラウドコンピューティングの進展等に伴う問題については，関係者の要望も強いことから，早期に検討する必要があると考える．」とされている．また，知的財産戦略本部の知的財産推進計画 2011（平成 23 年 6 月）では，施策例として「クラウド型サービスの環境整備」が挙げられ，「我が国におけるコンテンツ型クラウドサービスの環境整備を図るため，法的リスクの解消も含め，著作権制度上の課題について整理し，必要な措置を講ずる」とされている．

そして，同報告書 19 頁は，最高裁判決の射程の分析などをふまえた結論として，「クラウドサービスにおける著作物の利用行為主体がサービス提供者であると，直ちには捉えられないと解されよう．」とする．

同報告書 31 頁は，「「クラウドコンピューティング」の概念を客観的・包括的・一律に定義づけることは困難であり，結局は「クラウドサービス」の具体的な行為態様を個別・具体的に評価し，著作権法との関係を客観的に考察していくべきとの結論を得たところである」としたうえで，「「クラウドコンピューティング」という曖昧な概念を前提に，「クラウドコンピューティング」と著作権法との関係を観念的に捉えるべきではない」とする．

結論としては，同報告書 31 頁「「クラウドサービス」の進展を理由に，直ちに「クラウドサービス」固有の問題として著作権法の改正が必要であるとは認められない」とまとめている．

おもうに，クラウドとは道具にすぎず，道具を使って良いことも悪いことも行えるのは当然であり，「クラウドを通じて著作物を利用する行為をすべて適法にしてほしい」というのはもともと無理な注文であった．

「クラウド」を錦の御旗にして性急な制度改正に走らず，慎重な各論的議論を継続すべきであると論ず同報告書の論調は，本章執筆時点（平成24年11月）あらためて振り返ると正しい情勢判断であったのではなかろうか．

1.2　平成24年著作権法改正

　平成24年改正著作権法47条の9は，クラウド・サービスをはじめとする各種のインターネット・サービスにおいて，ユーザーの目にふれない領域（バックエンド）におけるサーバー上の各種情報処理のともなう記録等を権利制限の対象とするものである．たとえば，SNSサービスにおける，ユーザーから投稿された動画のファイル形式を統一するためのファイルの複製，圧縮などの行為がこれにあたる．

　最近の法改正によって，47条の4（保守，修理のための一時的複製），47条の5（送信の障害の防止のための複製），47条の6（送信可能化された情報の送信元識別符号の検索のための複製），47条の7（情報解析のための複製），47条の8（電子計算機における著作物の利用に伴う複製）が権利制限として規定されているところ，これらと今回追加された30条の4および47条の9に共通するのは，文化審議会報告書にいうC類型すなわち「著作物の表現を知覚することを通じてこれを享受するための利用とは評価されない」行為が対象となっている，という点にある．

　47条の9は，提供される情報自体については著作権法上適法であることを要件としない．その趣旨は，サーバー上で膨大な数のユーザーが投稿するコンテンツのデータについて，逐一適法性は選別されていないのが実状であり，47条の9の適用について情報自体の適法要件を課すことは適切でないことにある[1]．

　なお，提供される情報が著作権を侵害するものであっても当該情報の提

---

1) 池村聡＝壱貫田剛史『著作権法コンメンタール別冊　平成24年改正解説』（勁草書房・2013）154頁．

供の準備行為について47条の9は適用されるが，その場合も，当該情報が著作権侵害であるという評価自体は本条によってなんら影響を受けない．たとえば，動画投稿サイトに著作権者に無断で著作物が投稿され，サーバーに蔵置された場合，判例は，一定の要件の下，動画投稿サイト自身が複製の主体にあたると認めている（知財高判平成22年9月8日判時2115号102頁〔TVブレイク事件〕）．このようなサービスにおいて，動画投稿サイトが投稿された違法著作物のファイル形式の統一を行う場合，当該統一行為自体については47条の9の適用を受けるが，形式を統一化したファイルを著作権者に無断でサーバーに蔵置する行為自体は，「準備に必要」とはいえないので違法であることにかわりはない[2]．

1.3 間接侵害

1.3.1 文化審議会著作権分科会司法救済ワーキングチーム「「間接侵害」等に関する考え方の整理」（平成24年）

　まず，「整理」は，間接侵害の問題状況を次のようにまとめている．

　「著作権法第112条第1項は，著作権等を侵害する者又は侵害するおそれがある者に対し，著作権者等が差止請求を行うことができる旨規定している．しかしながら，著作物等を自ら直接に利用する者（以下「直接行為者」という．）以外の関与者（以下「間接行為者」という．）に対して差止請求を行うことができるかどうかについては，現行法上，必ずしも明確ではないため，間接行為者がどのような場合に差止請求の対象となるのか，そしてその範囲をどのように捉えるべきかという点につき，いわゆる「間接侵害」の問題として，立法的措置の必要性も含め」，長らく議論されてきた．

　「近年の情報通信技術の発展により，インターネット等を利用した著作物等の創作・流通が活発になったことに伴」う著作権法上の課題を指摘する

　2）　小泉直樹＝池村聡＝高杉健二「鼎談　変革期の著作権法」〔小泉直樹発言〕『ジュリスト』（有斐閣・2013・No.1449）17頁，前掲注1）池村＝壱貫田155頁．

声も多いとされている．たとえばカラオケスナックの経営者などのような，直接行為者を物理的に支配下におく者に対して侵害主体性を認めるといったケースに加えて，インターネット等を活用して提供される各種のサービスを巡ってその提供者に対する差止請求権が認められたケースも増加している．また，「複数の裁判例が採用したとされる，いわゆる「カラオケ法理」の是非等を巡って様々な議論が展開されており，そこでは，直接行為者の概念が不当に拡張されているのではないかといった指摘や，著作権法上，差止請求の対象となる範囲が不明確」といった点についても学説上は根強く議論がある．

　上記の問題意識をふまえ，法制問題小委員会に司法救済ワーキングチームにおいて検討が重ねられ，「「間接侵害」等に関する考え方の整理」（以下「整理」）が公表された．「整理」の要点は，以下のとおりである．

①差止請求の対象については，直接行為者に限定されるものではなく，一定の範囲の間接行為者も差止請求の対象とすべきである．
②間接侵害の成立については，直接行為者による侵害の成立を前提とする考え方（従属説）を採用する．
③差止請求の対象と位置付けるべき間接行為者の類型としては，
　ⅰ）専ら侵害の用に供される物品（プログラムを含む．以下同じ．）・場ないし侵害のために特に設計されまたは適用された物品・場を提供する者
　ⅱ）侵害発生の実質的危険性を有する物品・場を，侵害発生を知り，又は知るべきでありながら，侵害発生防止のための合理的措置を採ることなく，当該侵害のために提供する者
　ⅲ）物品・場を，侵害発生を積極的に誘引する態様で，提供する者
の三類型が想定される．
④リーチサイトについては，上記の間接侵害とは切り離して議論すべきである．

1.3.2 立法による明確化の困難性

「整理」は，裁判例による直接行為者の認定について，直接行為者の概念が不当に拡張されているのではないか，著作権法上，差止請求の対象となる範囲が不明確であるといった指摘があることをふまえ，明確化のため，立法が必要であるとする．

しかしながら，現在の判例による直接行為者の認定は，少なくとも規範としてみた場合，不明確とはいえない．

平成23年1月18日と20日に，最高裁は相次いで，放送事業者による地上波テレビ放送転送サービス事業者に対する著作権・著作隣接権侵害にもとづく裁判について，原審である知財高裁の判断を破棄，差し戻す判決を下し，注目されている（「まねきTV」「ロクラクⅡ」事件[3]）．

「まねきTV」事件では，事業者は利用者から預かった地上波テレビ放送を受送信可能な端末でテレビ放送を受信し，利用者に送信していた．一方，「ロクラクⅡ」事件は，地上波テレビ放送を録画可能な端末を用い，利用者の指示により番組を録画できるシステムが問題とされた．いずれも有料サービスであり，国内の地上波テレビの放送地域外ないし国外に在住していながら，日本のテレビ番組を視聴，録画できるという点に特徴があった．

転送，録画のボタンを押すのは利用者であるが，そのことと，著作物の利用主体は誰か，という法的評価ないし規範的判断は別個の問題である．

著作権法分野では，かねてから，「カラオケ法理」というものが知られてきた．最高裁の昭和63年の一判決がその契機である．この事件では，カラオケ使用料を音楽著作権団体に支払わずにカラオケを客に提供するカラオケ・スナックの行為が著作権侵害にあたるとされた．問題はそのロジックであり，最高裁は，たしかに曲を歌っているのはスナックの客であるが，店員が客に歌唱を勧め，店に備えたレパートリーのなかで客は歌っているのであり，また，店はカラオケによって店の雰囲気作りをしているなど，客

---

3) 「特集 まねきTV・ロクラクⅡ最判のインパクト」『ジュリスト』No.1423（有斐閣・2011）所収の諸論稿参照．

の行為を管理して，利益を得ているので，著作権法上の音楽の利用主体は店である，と認定した．

　ちなみに，客の歌唱行為自体は，非営利行為なので，本来著作権侵害とはならない．最高裁は，歌唱の主体を店と擬制（フィクション）することによって，カラオケというかたちでの音楽著作物の新たな利用行為について，JASRAC（日本音楽著作権協会）の権利処理が必要な行為であるとの結論を下したことになる．

　もっとも，判決当時は，このような認定方法は，この事案かぎりの措置であるとむしろ理解されていた．ところが，その後，インターネットという新技術が登場すると，ネット上での著作物の利用行為が爆発的に拡大し，権利者の側は，個々のユーザーに権利行使することは現実味がなく，サーバーを通じて著作物の送信などを行う事業者をターゲットにするほうが，権利侵害を一網打尽にするという観点から望まれることになる．

　ファイル交換システムの一種である「ファイルローグ」に対する著作権・著作隣接権侵害が裁判上認められたのも，上記の「カラオケ法理」の一変形として捉えられたからであった．

　「ファイルローグ」においては，事業者のサーバー上には，メンバーのPC上にある音楽ファイルの名前のデータだけが蔵置され，音楽ファイル自体は，あくまでメンバー間（P2P）で送信される仕組みであった．メンバーから，事業者のデータベースあてに，特定の楽曲名のファイルを有する他のメンバーが存在するかという問い合わせがあると，事業者のサーバーから，ファイル名の情報が送られ，事業者が提供するクライアントソフトを通じて，ファイル交換が行われる．

　このような仕組みは，「カラオケ」事件に比べると，事業者によるメンバーの「管理」の程度は相当程度に希薄となってくることはたしかであろう．

　このような状況の下で，裁判所が事業者による著作権侵害を認めたことを契機として，学説を中心に，「カラオケ法理」の見直しが必要である，と

の議論が提起された[4]．学説による「カラオケ法理」の批判のポイントは，「管理」という言葉は曖昧であり，著作権侵害が容易に認められてしまう懸念がある．また，本来的には利用者の行為は私的複製，非営利実演など著作権侵害に該当しない行為であるのに，「カラオケ法理」は，主体を事業者であるとみなすことにより，著作権侵害を肯定している．これは，適法行為を違法行為に転換するものでありのぞましくない，という点にあった．

従来の下級審は，最上級審の判決である「カラオケ」判決の下で工夫を重ね，「管理」要件の明確化を従来はかってきたところであった．たとえば，著作物の蔵置・送信などに利用されるサーバー，機器の所有権が利用者にある場合は，事業者の管理性は肯定されない方向に考慮される，といった工夫である．

そのようななか，「まねきTV」「ロクラクⅡ」判決は，著作物の利用主体について，物理的，自然的にのみ観察するのではなく，その社会的，経済的意義も加味して総合考慮のうえ（規範的に）決定すべきことを再確認し，基本的には，「カラオケ」判決の路線を最高裁として継承することを鮮明にした．「ロクラクⅡ」判決に付された金築誠志判事の補足意見は，「カラオケ」判決に対する学説の批判は理由のないものとして斥け，法解釈の一般的手法にすぎないので特段問題ないと明言している．

両判決が公表された直後，「最高裁判決によって，わが国においてクラウド・サービスを展開することはもはや不可能となった」「クラウドによる著作物の利用については著作権者の許諾を要しない旨の権利制限規定を新設すべきである」といった反応が一部で聞かれた．しかしながら，このような反応が正鵠を得たものといえるかは，判決の慎重な分析によって判断されるべきであろう．

---

[4] 代表的なものとして，大渕哲也「著作権侵害に対する救済（1）（2）」『法学教室』356号，360号（有斐閣・2010）137頁，142頁，上野達弘「いわゆる「カラオケ法理」の再検討」紋谷暢男教授古希記念『知的財産権法と競争法の現代的展開』（発明協会・2006）791頁．

一般に，判決というものには，二面性がある．

第一に，当該事件で問題となった個別の紛争の解決を示している，という面である．今回の件でいうならば，テレビの転送サービス事業者の行為は違法である，との判断がこれにあたる．

第二の面は，当該紛争を解決するにあたり，裁判所が示した一般的な法律解釈である．

本件では，利用者ではなく事業者が著作物の利用行為を管理している，との判断である．

第一の面，つまり，当該事案の解決という面を超えて，第二の面がどこまで及ぶかを判決の「射程」と呼ぶ．

このような射程という観点から今回の両判決，および最高裁調査官の解説を参照するならば，今回の判決の射程はけっして広いものと想定されてはいない．テレビ転送サービスに限定されるかはともかく，少なくとも，クラウドなりストレージなりによる著作物の利用行為に投網のように責任を及ぼすような議論は予定されていない．

したがって，判決の厳密な射程という観点からみるかぎり，両判決に対する反応は，やや過剰と評価せざるをえない．

一方，今回の判決には，昭和63年の「カラオケ判決」以来幾久しく待望された，著作物の利用主体に関する最高裁の判断である，という見逃せない側面もある．とりわけ，「ロクラクⅡ」判決補足意見において，著作物の利用主体の規範的認定という手法には問題はなく当然である，と念押しされたことのインパクトは，現時点で正確に計測することは難しい．

つまり，厳密には今回の両判決の「射程」はテレビ転送サービスプラスアルファに限定されるとしても，将来，新たな著作物利用サービスの著作権侵害性が裁判所において問題とされた場合には，今回の最高裁が述べている一般論を無視して下級審が判断を下すということは現実的には考えにくい．

そこで，今回の最高裁の判決のなかから，「管理」性が肯定されたファク

ターとして重要と思われるものを抽出すると，本件事業者の行為が，利用者による著作物の利用行為にとって「枢要」であり，また，事業者の行為がなければ利用者による著作物利用は不可能といえる関係にあった，との裁判所の認識である．具体的には，地上波テレビ放送は，通常，放送地域外では視聴できないところ，本件サービスの利用によって，これが可能となる，ということである．そこに，対価も発生している，という認識である．

最高裁判決前の下級審の先例のなかから，類似の発想を裁判所が示している例を探すと，利用者が購入・複製したCDの音楽ファイルをストレージで「預かり」，携帯電話で聴けるかたちに変換して提供する，という「Myuta」なるサービスについて，かつて東京地裁が著作権侵害と認定した例が見つかる．この事件において，裁判所は，「管理」性認定の一要素として，CDを携帯で聴くことは，判決当時は技術的に通常の利用者には困難であった，という事情に言及している．

「まねきTV」「ロクラクⅡ」判決の調査官解説が重視しているのも，まさに，このような，著作物の複製物の「取得」段階における本件事業者の関与の大きさである．

そして，純粋に利用者のファイルを「預かる」というにとどまらず，利用者自身では入手困難な地域外のテレビ番組，携帯で聴けるCDファイルを提供しているかぎりで，事業者の管理性が肯定されているとすれば，著作物のストレージ，クラウド一般について，すべて著作権侵害になるわけでは決してない，ということになろう．

以上のとおり，「管理」性の具体的当てはめに際しては諸事情の考慮が求められるものの，規範的認定によって著作権侵害の直接行為者を判断するという手法自体については，数次にわたる最高裁判例によって是認されてきており，少なくとも，立法によって右の基準自体を不明確なものとして退けるためには，「管理」よりも格段にクリアな要件論が提示されることが求められよう．

残念ながら,「整理」において現時点で提示されている要件（の候補）である「専ら」「実質的危険性」「合理的措置」「積極的誘引」のいずれをとっても, 高度に規範的な概念であり, また, 著作権法の従来の適用において, およそ判断されたことのない新規な要件ばかりである. 曲がりなりにも昭和 63 年以来長く適用の裁判例が蓄積している「管理」性よりは明確さという点において数段劣ると言わざるをえない.

この点で想起されるのは, 特許権の間接侵害について, 特許法 101 条にいう「専ら」の適用が厳格になされる傾向があるとの認識のもと, 同条に 2 号, 5 号が追加され,「発明による課題の解決に不可欠」なる新要件を設定することにより, 間接侵害の成立の余地を拡大する措置が講じられたことである. 管見のかぎり, 同措置経過後相当年数を経た現時点においても, 2 号, 5 号にいう「発明による課題の解決に不可欠」なる要件の解釈は裁判例において固まっていないし, 両号の適用も活発とは言い難い状況にある. 同じく, 裁判例の採用する「管理」要件をまったく新規な「専ら」以下の新要件で置き換えることによって, 著作権の侵害主体が明確化する, という「整理」の前提は大いに疑わしい.

最高裁が, 明確に「カラオケ法理」的な規範的認定を是とした以上, そこに重ねて,「カラオケ批判」の基本認識の下に間接侵害規定を導入すると, かえって実務が混乱するのではないだろうか.「まねき TV」「ロクラクⅡ」判決の下での今後の下級審の趨勢を見定めてから立法を検討しても遅くないのではないか.

1.3.3 従属説を採用することへの疑問

「整理」の提言への第二の疑問は, 間接侵害の成立について直接侵害の成立を必要とするいわゆる従属説を採用すべきであるとしている点である.

周知のとおり, 特許法の間接侵害において, 従属説, 独立説, さらには折衷説が主張されている.

間接侵害制定の趣旨について, 東京地判昭和 56 年 2 月 25 日裁判所 HP

は,「数個の構成要件から成る特許発明に係る物が二つ以上の部品に分けて生産,譲渡され,譲渡を受けた者によつて組立てられ右構成要件のすべてを具備する物が完成される場合において,部品を組立てて完成する業者が多数にのぼり,これに対して権利行使をすることが著しく困難なときや,右組立て,完成が最終の需要者によつて個人的,家庭的に行われるためこれに対して権利行使をすることが許されないときなどのように,特許権の効力が著しく減殺されることがあることに鑑み,特許法第101条第1号は,特許発明に係る「物の生産にのみ使用する物」を業として生産,譲渡する等の行為に限り,特許権を侵害するものとみなし(いわゆる間接侵害),特許権の効力を拡張して本来特許権の侵害とならない行為に対してまでもその権利行使を認めたものと解される.」と述べている.

　このような趣旨に沿い,特許法101条の文言上,「その物の生産にのみ用いられる物の生産」(間接侵害者の行為)については「業として」行われることが要件とされている一方,「その物の生産」(直接侵害者の行為)については「業として」要件が付されていない.

　そして,直接侵害が業としての実施でないため不成立の場合に間接侵害の成立を認めた例として,大阪地判平成12年10月24日裁判所HPがある.

　「被告が製造,販売する権利2の対象被告物件の中には,日本国内で販売され,使用されるものも存在するが,製パン器という商品の性質からすると,それらの被告物件は主に一般家庭において使用され,その実施行為は特許法68条の「業として」の実施に該当しないものであるから,直接侵害行為を構成することがない.しかし,同法が特許権の効力の及ぶ範囲を「業として」行うものに限定したのは,個人的家庭的な実施にすぎないものにまで特許権の効力を及ぼすことは,産業の発達に寄与することという特許法の目的からして不必要に強力な規制であって,社会の実情に照らしてゆきすぎであるという政策的な理由に基づくものであるにすぎず,一般家庭において特許発明が実施されることに伴う市場機会をおよそ特許権者が享

受すべきではないという趣旨に出るものではないと解される．そうすると，一般家庭において使用される物の製造，譲渡等（もちろんこれは業として行われるものである）に対して特許権の効力を及ぼすことは，特許権の効力の不当な拡張であるとはいえず，かえって，上記のような政策的考慮によって特許権の効力を制限した反面として，特許権の効力の実効性を確保するために強く求められるものともいえる．したがって，「その発明の実施にのみ使用する物」における「実施」は，一般家庭におけるものも含まれると解するのが相当であり，このように解することは，特許法2条3項の「実施」自体の意義には一般家庭におけるものも含まれると解されること（一般家庭における方法の発明の使用が特許権の効力に含まれないのは，「実施」に当たらないからではなく「業として」に当たらないからである．）とも整合する．」としている．

以上のとおり，特許法上の間接侵害については，直接の実施行為が個人的，家庭的に行われる場合についても間接侵害は成立すると想定されている．その理由は，個人的，家庭的な実施については政策的理由で侵害に問わないとしても，業者の行為についても侵害を不成立とすると権利者の「市場機会」を不当に奪うことにある．著作権法についても，基本的には同様の理が妥当すると考えられる．

「整理」をめぐる法制問題小委員会の議論においても，委員間から，「かりに従属説で立法を行うのであれば，間接侵害の立法を行う前にまず，著作権法30条の範囲の見直しを先行させるべきである」「一律に従属説で立法することは妥当でない」との意見が出されたところである．

1.3.4 リーチサイト問題

「整理」では，その他の問題として間接侵害の問題と切り離す方向性が示されていたが，文化審議会著作権分科会法制問題小委員会のヒアリングではむしろリーチサイトこそ対応を，という声が続々と寄せられた．

リーチサイトで行われている行為のうち，「整理」の③ⅱ）にいう「侵害

発生の実質的危険を有する場」にあたるものに限定した規制を行うか，あるいは，みなし侵害として別途規定をおくということも考慮には値しよう．

1.3.5 平成 24 年度文化審議会著作権分科会法制問題小委員会「間接侵害」等に係る課題について（検討経過）

「整理」をもとに審議会において関係団体等のヒアリングが行われ，さらに委員間で議論された結果，本件はさらに継続して検討されることになった．

> 「「間接侵害」に係る課題については，製品やサービスを提供する事業者の予測可能性を高める観点から，間接侵害に係る規定を設けるべきという意見や，間接侵害に係る明文の規定があることは意味があるといった意見，著作権の実効性の観点からは差止請求が一番重要であるといった意見等が示され，間接侵害に係る立法措置を講ずる一定の必要性が認められるものと考えられるが，一方で，差止請求の対象については司法判断に委ねるべきとの意見や，より十分な立法事実が求められるとの意見等が示されていることに加え，もう少し時間をかけて議論すべきであるといった意見も示されたところである．
> こうした意見に鑑み，本課題については，今後の裁判例の蓄積や社会状況の変化，それらを踏まえた関係者の立法措置の必要性に係る意見等を見極めつつ，時宜に応じ，引き続き望ましい制度設計の在り方等について検討を行う必要があるものと考える．
> また，検討を行うに当たっては，特に，差止請求の対象と位置付けるべき間接行為者の範囲について，「考え方の整理」に示された各類型を参考としつつ，各類型における文言の不明確さ等についての指摘や検討を行う時点における社会状況等を踏まえ，更に議論を深める必要

があるものと考える.」[5]

1.4 国際著作権ルールの視点——フィチョール論文

次章以降では,綿密な比較法的な紹介が行われる.これらをいわば鳥瞰するものとして,国際著作権界の大ベテランであるフィチョール (Fiscor, M.) 博士が 2012 年国際著作権法学会京都大会で行った講演録の抜粋を以下にあげて本章の結びとしたい[6].

① WIPO 条約の適用という観点からもっとも重要なクラウド・コンピューティングの特徴は,著作物等が離れた場所のストレージ場所におかれ顧客または公衆の利用に供されている点にある.

② このため,インターネット条約のうち複製権,頒布権,公衆伝達権が関連する.

③ 複製権についての根本的な問題は,誰が複製の主体かである.クラウド・サービスの顧客か,クラウド事業者か,あるいはその両者か.クラウド・コンピューティングによる著作物の複製の主体は誰かに関する各国の法制・裁判例の趨勢は,顧客用に蓄積する際の複製が完全に自動システムを通じて行われる場合,私的使用であり権利制限の対象となりうるというものである.

④ しかしながらそもそも,顧客が複製の主体か,あるいは唯一の主体といえるかは争われてきた問題である.複製はクラウド・プロバイダーの管理の下にあり,複製物はプロバイダーのインフラの下に通常とどまるからである.

---

5) 文化審議会著作権分科会法制問題小委員会「間接侵害」等に係る課題について (検討経過) (平成 25 年 2 月).
6) Fiscor, The WIPO "Internet Treaties" and Copyright in the "Cloud", ALAI 2012 Congress, Kyoto.

ユーザーが私的使用目的のつもりであっても（would-be private user）第三者が当該ユーザーのために複製を行う場合——とくにこの第三者が自然人ではなく，複製の目的が直接または間接に商業的利益のためである場合——私的使用の権利制限を適用しない国がある．

　⑤クラウド・プロバイダーがみずからのサーバーに複製を行う場合，複製権の対象となることは明らかである．簡素化，合理化その他の理由により，プロバイダーが，顧客の発意によって作られた複製物を当該顧客によって作成されたものとは別の複製物に置き換える場合も同様に複製権の対象となる．

　⑥クラウド上にあるウェブサイトからクラウド・プロバイダーによってアップロードされた著作物がインタラクティブに公衆に提供される場合，明らかに，WCT8条，WPPT10条，14条，北京条約10条に規定される公衆伝達権が適用される．この場合，クラウド・プロバイダーは権利者から許諾を得る必要がある．

　⑦法的状況がより不明確かつより複雑なのは，クラウド・サービスの顧客がクラウド・プロバイダーのサーバーからストリーミングないしダウンロードによって——原則としてどこからでもいつでも——著作物を取り出す場合である．顧客が自分用のストレージスペースから著作物を取り出す場合であっても，同一の著作物に対して潜在的には多数の双方向的なアクセスがなされるため，ウェブサイトからの通常の公衆伝達と結果は似ているか同じであるとみなされるかもしれない．著作物の利用という観点からは，このような場合とクラウド・プロバイダーによって作成された複製物に対して顧客がアクセスする場合と実質的に違いはない．

　⑧裁判実務上は，クラウド・プロバイダーはホスティング・プロバイダーと性質決定され，プロバイダーの責任制限の規定が適用される傾向がある．しかしながら，クラウド・プロバイダーが顧客がアップロードしたコンテンツをホストするという受動的な役割を超えた場合は，二次侵害ないし直接侵害の責任を負いうる．直接侵害が成立しうるのはとりわけ，クラ

ウド・プロバイダーが侵害物のある種の編集機能をはたしている場合かつまたは積極的に侵害コンテンツ・行為を助長している場合である．

⑨クラウド・プロバイダーの基本的義務は，侵害についての告知を受けまたはレッドフラグの悪意である場合にはただちに侵害物を除去するかアクセスをブロックすることである．

⑩現行法制度の下では一般的な監視義務は規定されるべきでない．これに対して，とりわけ削除後通知（notice and takedown）の手続きによってすでに特定済みの違法アップロード複製物をブロックする合理的なフィルタリングを適用する義務を課すことは許容されるし妥当なものである．

⑪権利制限については原則としてクラウド環境でも伝統的環境と同様——ステップテストの下で——に適用される．いくつかの制限の適用の条件は変化するかもしれない．たとえば，私的使用である．クラウドにおける複製について私的使用の適用が否定されると，補償金を徴収する正当化根拠は失われる．

〔補遺〕

脱稿後，第三者によって違法に自動公衆送信されているファイルにリンクを貼る行為について，著作権法112条にもとづき，著作権侵害の幇助行為として差止請求を認めるべきであるとする前田哲男「差止請求」『ジュリスト』（有斐閣・2013・No.1455）80頁に接した。

第 2 章　欧州におけるクラウド・コンピューティングと著作権
プロバイダーの責任制限に係る法理の展開に焦点を当てて

駒田泰土

2.1　はじめに

　クラウド・コンピューティングをめぐる著作権法上の問題は，欧州においても非常に新しいテーマであり，わが国と同様，まだそれほど議論が深まっているわけではない．ただ，クラウド・コンピューティングの特徴は，きわめて簡略化していえば，ユーザーが「インターネットの向こう側にあるコンピュータ群からサービスを受ける」という点にあるので，当該問題の一部は，オンライン・サービスを媒介する者（intermediaries）の法的責任にかかる問題に相当する，ということができる．
　こうした媒介者は「プロバイダー」と呼ばれることが多く，われわれの関心の一部は，従来から「プロバイダーの法的責任」と呼ばれてきた問題と重なる[1]．この問題に関しては，欧州ではいわゆる電子商取引指令[2]

---

1) プロバイダーの法的責任をめぐる近時の動向については，欧州のみならず米国およびわが国のそれも含めた包括的な研究が，下記の文献より発表されているところである．田村善之「著作権侵害に係るプロバイダの責任――日本法の現況と課題」高林龍＝三村量一＝竹中俊子編『年報知的財産法　2012』（日本評論社・2012）20〜26頁，張睿暎「ISPの責任に関する欧州の動向――アクセスブロッキングの動きを中心に」同年報27〜33頁，丸橋透「データ照合技術とプロバイダの不作為責任」同年報34〜41頁，拙稿「ActiveかNeutralか――不安定なセーフハーバーとその先にあるもの　知的財産権の侵害に係るプロバイダの責任をめぐる近時の動向」同年報42〜55頁．

(2000年)によって一定の法調和が図られており，EU加盟国の国内法の規律もそれに沿ったものになっている．同指令は，プロバイダーの法的責任を（種類を問わず）一定の範囲で制限してその活動を促進しているが，著作権等の侵害を理由とする差止めについては基本的にタッチしていない(12条3項)．ゆえに，欧州におけるクラウド・コンピューティングの今後を考えるうえでは，当該サービスのさまざまな媒介者が権利者から差止請求を受けるリスクがまず検討の俎上にのぼってくるはずである．

他方で，著作権等の侵害を理由とする損害賠償の責任は電子商取引指令の適用範囲内であるが，近時の傾向として，そうした責任制限ルールの厳格解釈（あるいは縮小解釈）が行われており，こうした動向が，欧州のクラウド・コンピューティングに及ぼす影響にも関心をもたずにはいられない．

本章は，欧州におけるプロバイダーをめぐる近時の法発展をふまえながら，それらがクラウド・ビジネスにもたらすインプリケーションについて考察しようとするものである．

2.2　差止めの被請求人の範囲

2.2.1　ルールの概観

欧州法は，著作権等の侵害に供されるサービスの媒介者に対し，権利者が少なくとも差止めの救済を求めうることを，繰り返し保障している．たとえば，2001年に採択された情報社会指令[3] 前文59項には，次の文章が

---

2) Directive 2000/31/EC of the European Parliament and of the Council of 8 June 2000 on certain legal aspects of information society services, in particular electronic commerce, in the Internal Market, 2000 OJL 178/1.

3) Directive 2001/29/EC of the European Parliament and of the Council of 22 May 2001 on the harmonisation of certain aspects of copyright and related rights in the information society, 2001 OJL 167/10.

みつかる.

> とりわけデジタル環境においては，媒介者のサービスは，侵害を行うために第三者によってますます利用されるだろう．多くの場合，そのような媒介者は，当該侵害行為を終わらせるのに最適な位置にいる．それゆえ，権利者は，他の利用可能な制裁及び救済を害することなく，ネットワーク上で著作物その他の目的物の第三者による侵害行為を遂行する媒介者に対し，差止めを請求することが可能であるべきである．この救済を受ける可能性は，媒介者の遂行する行為が5条の下で免責される場合であっても，保障されるべきである．差止めに係る条件及び方法は，加盟国の国内法による．

そして，同指令8条3項は次のように定めている．

> 加盟国は，媒介者のサービスが著作権又は関連する権利を侵害する第三者によって利用されているときは，権利者が，その媒介者に対し，差止めを請求しうることを保障する．

また，2004年に採択された知的所有権執行指令（エンフォースメント指令）[4]の11条後段は，次のように定めている．

> 加盟国はまた，指令2001/29/EC（情報社会指令）8条3項の規定を害することなく，権利者が，知的所有権を侵害するために第三者が用いるサービスの媒介者に対し，差止めを請求しうることを保障する．

以上から，著作権の侵害に供されるオンライン・サービスの媒介者は，欧

---

4) Directive 2004/48/EC of the European Parliament and of the Council of 29 April 2004 on the enforcement of intellectual property rights, 2004 OJL 157/45.

州法の規律によって差止めに服する責任を負う可能性があり，場合によってはサービス停止を余儀なくされる可能性がある．そのサービスが「クラウド・コンピューティング」と呼ばれるかどうかはあまり重要ではない．媒介者が侵害行為を終止させるのに最適な位置にいるといえるのであれば，欧州の権利者はこの者に対して差止請求を試みるであろう．

そして，このようなルールは，侵害の効果として差止めを認める加盟国の場合，その国内法の解釈に一定の影響を及ぼさずにはおかないように思われる．第三者の侵害行為とは別に媒介者の行為を侵害とする範囲を広く認めなければならないからである．

2.2.2　2012年欧州委員会コミュニケ

仮に差止請求を受けうる媒介者が（欧州法の規律の下では）広範囲に存在することになるのであれば，欧州におけるクラウド・コンピューティング・ビジネスの成否は，当該媒介者が円滑なライセンス処理を行えるかどうかに依存することになろう．欧州委員会は2012年9月27日に「欧州におけるクラウド・コンピューティングの潜在力を開放する」と題したコミュニケ[5]を発表しているが[6]，そのなかで，委員会があらゆる経済分野においてクラウド・コンピューティングの早急な活用を促進すること，それが新しいデジタル・ビジネスの慣行と結びつくことで成長と雇用を生み出すことを強調している．同コミュニケはそのための最重要かつもっとも緊急を要する施策を明らかにしており，その実行のために，2020年にEU内で450億ユーロの追加的な直接投資をすることが必要とされるのではないか

---

5)　"Unleashing the Potential of Cloud Computing in Europe" Communication from the Commission to the European Parliament, the Council, the European Economic and Social Committee and the Committee of the Regions, COM (2012) 529 final.

6)　欧州委員会のクラウド・コンピューティング戦略に関する情報発信は，下記URLのウェブページ上で行われている．http://ec.europa.eu/digital-agenda/en/telecoms-and-internet/cloud-computing

としている．他方で，2020年までに，域内総生産にして9570億ユーロの総合的・累積的なインパクトをもたらし，380万の雇用を生み出す可能性があるとしている．著作権制度との関係では，同コミュニケとともに公表された付属文書[7]のなかに若干の記述がある．ここでの記述は，いわば政策の旗振りレベルにとどまっているので，あまり濃密なことは書かれていないけれども，クラウド・コンピューティングに基礎をおくサービスに関しては，著作権ライセンスをもっと効率的なものにする解決を見いだす必要があると述べられている．そして，これとの関連で，集中管理システムの改善についても言及されている[8]．

2.2.3 差止めの被請求人の合理的な絞り込みの必要性

既述の欧州法の規律は，もちろんEUの各加盟国内で実施されなければならない．たとえばフランスでは，いわゆる2004年デジタル経済法により知的所有権法典（CPI[9]）の一部改正が行われ，大審裁判所長に次のような命令をする権限が与えられている（形式上は，侵害差押え［saisie-contrefaçon］に関する規定である）．

　　L. 332-1 条 CPI
　　4° 著作者の権利の一を侵害する公衆へのオンライン・サービスの内容をいずれの手段によっても一時中止すること（この内容をストックすることの中止又は代りにそのアクセスを可能とすることの中止を命ずる場合を含む．）．この措置の効力の解除又は制限を被告が要求することができる期間は，規則によって定めることができる．

---

7) "Commission Staff Working Document", SWD (2012) 271 final.
8) *Ibid.*, par. 5. 1. 2., pp. 21 et s. なお，各国の多様な私的複製にかかる補償金制度とクラウド・コンピューティングとの関係を踏まえた記述もある．*Ibid.*, par. 5. 1. 1., pp. 18-21.
9) Code de la propriété intellectuelle.

この規定は，差押制度のなかでは明らかに他と毛色が違うものであるため，2009年のいわゆるHADOPI 1 法（インターネットにおける著作物の頒布および保護を促進する法律）によって内容を同じくする規定が別に設けられた（「訴訟手続および制裁（procédures et sanctions）」にかかる章のなかで独立した節を構成している）．

　　L. 336-2 条 CPI
　　公衆へのオンライン・サービスの内容により，著作者の権利又は著作隣接権が侵害されるときは，大審裁判所は，著作物又は目的物の権利者…の申立てにより，当該侵害を是正しうるいかなる者に対しても，当該侵害を予防又は停止させるための適当なあらゆる措置を命じることができる[10]．

　その文言によれば，この種の差止めは，侵害を予防・停止させうる位置にあるすべての者に対して命じられうる．では，物理的に予防・停止が可能でありさえすれば，その者には差止めに服する責任が必ず生じるのであろうか？　そのように読むことができるために，当該立法の際には少なからず批判があった[11]．仮に差止めというかたちで情報通信のインフラ機能を停止させることができるとすれば，多くのインターネット・ユーザーから情報を受領する権利を奪うことにつながりかねない——また，当該規定の適用範囲は過剰に広範で不確実である——こうした理由にもとづいて，HADOPI 1 法の当該規定は実際に憲法審査にも付されることになった[12]．だが，フランス憲法院は，この審査請求を斥ける結論を出している．立法

---

10)　条文によれば，場合によりレフェレ（référé：急速審理）の決定によることもできる．

11)　Cf. A. Lucas/H. -J. Lucas/A. Lucas-Schloetter, Traité de la propriété littéraire et artistique, 4e éd., LexisNexis, 2012, n° 1105, p.899. V. aussi, M. Vivant/J. -M. Bruguière, Droit d'auteur et droits voisins, 2e éd., Dalloz, 2012, n° 1034, p.836.

12)　Cons. const., n° 2009-580 DC du 10 juin 2009, par. 37, disponible sur〔http://

府は表現および通信の自由を無視してはいないこと，この自由を尊重しつつ，当該権利の保全にとって真実必要な措置だけを命じることはもっぱら付託裁判所の権限に属すること，これらの条件の下であれば，その合憲性までは否定されないというのがその理由である[13]．

　L. 332-6 条 CPI は，著作権等の侵害を行ってはいないが，侵害を終止させるのに最適な位置にいる媒介者に対して，差止請求をする根拠となりうるのだろうか？　この問いに「ウィ（Oui）」と回答する有力な学説も存在する．論者は，その意味で，本規定は従来の差止制度からもやや毛色が異なるものと評価している[14]．

　参考になる判例も 1 件存在する．インターネット検索サービス大手のGoogle は，ユーザーが入力している検索語の候補を自動的に表示するGoogle Suggestion（または Google Suggest）と呼ばれる機能を実装しているが，フランスのレコード会社等の利益団体である SNEP（Le Syndicat national de l'édition phonographique）は，Google France に対し，「Torrent」「Megaupload」「Rapidshare」の語を検索候補語から削除すること，あるいは少なくとも，ユーザーが Google 上で特定楽曲のアーティストやタイトルで検索をしたときに，それらの語が組み合わせ候補として表示されないようにすることを求める訴を提起した（Torrent は有名な P2P ファイル交換システムの名称であり，Megaupload および Rapidshare は侵害ファイルを多数ホストしている（いた）ことで有名なウェブサイトの名称である．Megaupload はその後閉鎖された）．パリ控訴院は，違法なコンテンツは検索サイト上でアクセス可能なものではないなどとして，SNEP の上記請求を斥けている（2011 年 5 月 3 日判決）[15]．しかし，上告審である破

---

www.conseil-constitutionnel.fr/decision/2009/2009-580-dc/decision-n-2009-580-dc-du-10-juin-2009.42666.html］．

13）　*Ibid.*, par. 38.
14）　A. Lucas / H. -J. Lucas / A. Lucas-Schloetter, *op. cit.* (n. 11), n° 1106, p.899.
15）　CA Paris, pôle 1, 3ᵉ ch., 3 mai 2011, Propr. intell. 2011, p.304, obs. Brugière.

毀院は，原審のこのような判断を支持しなかった．破毀院は，Google 社の通信サービスが，多数の検索語入力に対応しつつ特定のキーワードを候補として示すことで，ユーザーをシステマティックに問題のサイトへと向かわせていたこと，SNEP が求める措置がかかる侵害を予防または停止する傾向を有すること，Google 社が当該措置を行うことで，上記問題サイトの検索を難しくし，そうした状況を是正しえたこと，また（当該措置の）完全な実効性（une efficacité totale）までは期待する必要がないことを指摘したうえで，原判決を破毀して事件をヴェルサイユ控訴院に移送している（2012 年 7 月 12 日判決）[16]．

この破毀院判決は，Google Suggestion それ自体が侵害行為であるとは明言していないため，上記学説の立場を支持するものとして読むことも不可能ではない．また，侵害予防・停止について完全な効果を発揮するかどうかは（L. 336-2 条 CPI 等にもとづく）差止請求の可否を左右しないとした点も，注目されるところである．

さて，ここまでの話を簡単にまとめておこう．欧州法は，クラウド・サービスのプロバイダーを含む各種媒介者について，その差止めに服する責任が成立する可能性をすでに広範に認めてしまっているようにみえる（このような規律が導入されたのは，日本法の観点からすれば侵害の単なる幇助者または誘発者に当たるような者も，欧州各国法では優に侵害者と評価されやすい素地がもともと存在していたという事情によるのかもしれない[17]）．ゆえに，その範囲を合理的なものに絞りこむ必要があり，そうした

---

16) Cass. 1re civ., 12 juill. 2012, Légipresse, n°297, 2012, p.475, disponible sur 〔http://www.courdecassation.fr/jurisprudence_2/premiere_chambre_civile_568/832_12_23884.html〕．

17) さしあたりフランスに関しては，井奈波朋子「プロバイダの責任に関するフランスの裁判例」『コピライト』567 号 30 頁（著作権情報センター・2008）「著作権者は，上演・演奏又は複製が行われていれば誰に対しても著作権侵害を主張することができ，物権的請求権として侵害の差止めを請求しうると考えられている…物権的請求権としてすべての者に対して著作権を主張しうるとすれば，そもそも直接侵害

方向での議論が行われやすい．他方，わが国では，複製や公衆送信等の直接行為者をまず侵害者とし，そこからどこまでの範囲の媒介者の活動を侵害行為に含めるかというかたちでの議論——すなわち著作権の原則的効力をひとまず狭く限定したうえで，それを慎重に拡げていこうとする議論（いわゆる間接侵害としての問題の捉え方）——が支配的である．その意味で，欧州の事情は，わが国のそれとはかなり対照的ということができそうである．

2.2.4 第三者の侵害を媒介しない場合

とはいえ，そのサービスが第三者の侵害を媒介するものでない場合においては，欧州法の下でも，より慎重な判断が求められることになろう．

この点で参考になるのが，TVCatchup 事件である．オンライン・サービス・プロバイダーである TVCatchup（以下，TVC）は，英国内で無料視聴できる地上波の TV 放送をアンテナで受信し，自己のサーバー内でそのビデオ・ストリームを抽出のうえ，データを圧縮し，さまざまなフォーマット形式で送信可能な状態にし，サービス登録者の求めに応じてそのパソコンや携帯電話宛に送信するというサービスを展開していた．サービスの登録者（ユーザー）は，いずれも当該テレビ放送の放送対象地域内の居住者であり，その家庭内の受信装置によって当該放送を鑑賞できる立場にある者である．TVC における個々の送信に着目すると，それは各ユーザーと

と間接侵害を区別する理由も乏しく，フランスではこれまで間接侵害に関する議論が乏しかった」．ドイツに関しては，大渕哲也「著作権の間接侵害(2)」『法学教室』法教 360 号 142 頁（有斐閣・2010）「（日本著作権法）112 条と基本的に同様の法制を有するドイツ法では，直接侵害者のみならず，一定範囲の間接侵害者（〔直接的〕権利侵害行為との間に相当因果関係を有する関与を行う者）も差止請求権の相手方（Passivlegitimation）となり得るとされる．このように，著作権法でも，妨害者について前述の民法とほぼ同様の議論がなされている」．「間接侵害者として，差止請求が肯定されている範囲について，ドイツ法では，権利侵害と相当因果関係のある関与をする者（さらに，一定の調査義務（Prüfungspflicht）違反や期待可能性等で絞り込まれている）という形で範囲が画されている」．

の関係で行われた (one to one). このサービスは, もとのテレビ番組に挿入されていたCMごと送信するものであったが, ユーザーの端末上にも別の広告が表示されるようになっていた. そしてTVCは, この広告から収入を得ていた.

それら番組の著作権者である放送事業者らは, TVCの行為が, 放送物の「公の伝達 (communication to the public)」を著作権によって制限する旨を定めた英国著作権法 (1988年法) 20条および情報社会指令3条1項に違反すると主張した. 同国の高等法院は, TVCのサービスが「公の伝達」に該当するか否かが先例上明らかでないとして, CJEU (欧州司法裁判所) に先決的意見を求めた.

CJEUは, 2013年3月7日の判決[18]において, 次の点を明らかにしている. まず, 指令3条1項が掲げる公の伝達権は, 地上波のテレビ放送に含まれる著作物の再送信をカバーする. そして, もともとの伝達とは異なる特別な技術的手段を用いて行う当該放送のインターネット再送信 (re-transmission of a terrestrial television broadcast over the internet [which] uses a specific technical means different from that of the original communication) は, 指令3条1項にいうところの「伝達」に当たる.

TVCは, 自己のサービスが, 放送対象地域における地上波放送の受信を保障・改善する技術的手段にすぎないとして, みずからは「伝達」行為を行っていないと主張したが, CJEUは, TVCの介入がもともとの放送とは異なる送信からなり, 送信の質を維持・改善することを意図したものではないとして, このような主張を斥けた.

次にTVCのサービスが「公の (公衆宛の)」伝達かどうかが問題となるが, CJEUは, 同時かつ逐次的に番組にアクセスする潜在的な受信者の数を考慮すべきであるとし, TVCの技術は多くの者が同一著作物に同時にアクセスすることを可能とし, 潜在的多数の受信者を宛先とするものといえ

---

[18] CJEU 4th chamber, March 7, 2012, C-607/11.

るから，公の伝達に当たると判断している．そして，上記のように，もともとの放送とは異なる送信手段を用いて行う TVC のサービスは，著作権者による個別の許諾を必要とするものであるとした．

なお，CJEU は，TVC のような再送信サービスが営利的な性質（profit-making nature）のものであるか否かは，当該サービスが公の伝達に当たると認定するうえで不可欠の要素とはされないが，無関係ではない（not irrelevant）という微妙な言い方をしている．

今後は，本判決[19]の射程，とくに「もともとの伝達とは異なる特別な技術的手段を用いて行う再送信は伝達に当たる」という判示の含意をめぐって，さまざまな議論が行われるものと思われる．この部分が不当に広く解釈された場合，欧州におけるクラウド・サービスのビジネス展開に小さくない萎縮効果が生じるおそれがある．

2.3　監視義務

2.3.1　ルールの概観

各国法においては，侵害停止のみならず侵害予防の救済も一般に認められており，このことは，インターネット環境においても基本的に変わるところがない[20]．ただ，オンライン・サービスの媒介者が侵害の予防責任を負うことがあるとすれば，それは，この者が特定著作物の流通を媒介しないようにつねに「見張っている（監視する）」必要があるということを意味する．特定される著作物の範囲が著しく広いものであったり，その特定の仕方が抽象的であればあるほど，その内容は「一般的な監視義務」に近づ

---

[19]　ちなみに，CJEU は，もともとの放送事業者と直接の競争関係にあるという事実が公の伝達の認定に影響するかという英国高等法院の照会に対して，影響しないという回答を示している．

[20]　後述の eBay 事件 CJEU 判決（注 36）参照）においては，エンフォースメント指令 11 条は，加盟国裁判所が侵害の停止のみならず予防をも命じうる旨を保障する趣旨であるとの解釈が示されている（par. 131）．

いていく．しかし，侵害予防のための一般的な監視は，プロバイダーの負担を許容範囲を超えて増大させる．ゆえに，電子商取引指令15条は，そのような義務をプロバイダーに課すことを加盟国に禁じているが，どこまでが特別な監視義務であり，どこからが一般的な監視義務を構成することになるのか――その線引きはなかなか容易でない．

　さしあたり情報社会指令は，媒介者に対する差止めが次の意味で合理的なものでなければならないことを確認している．すなわち，当該指令が定める権利の侵害に関して権利者に与えられる救済は，「実効的（effective）」で，「均衡のとれたもの（proportionate）」であり，かつ「抑止的（dissuasive）」であるべき，というのである（8条1項）[21]．また，エンフォースメント指令にも同様の規定が存在しており，それらは，救済等が「公正かつ衡平なもの（fair and equitable）」であり，「不必要に複雑で費用がかかるもの（unnecessarily complicated or costly）」であってはならないこと（3条1項），また「正当な取引の障害となるものであってはならないこと（to avoid the creation of barriers to legitimate trade）」を定めている（3条2項）．これらのガイドラインに照らし，差止請求の枠内でどこまで媒介者の活動を制限しうるのか，あるいは，どのような具体的措置を媒介者に命じることができるのかを判断するのは，第一義的には各加盟国裁判所の仕事となる．もちろん，CJEUが追加的なガイドラインを示せば，それによることになる．

　では現在，CJEUはどのようなガイドラインを示しているのであろうか？　これに関しては，注目すべき判決が2つほどある（Scarlet事件，Netlog事件）．また，国内裁判所の判決ではあるけれども，2011年の英国高等法院判決（Newzbin 2事件）も興味深い事例といえるので，ここでとくに取り上げてみたい．

---

[21] 同趣旨のことは，情報社会指令前文58項においても示されている．

2.3.2 Scarlet 事件

まず，Scarlet 事件である．これは，ベルギーの作家・作曲家・出版者協会（SABAM）が，インターネット・アクセス・プロバイダーである Scarlet 社に対し，P2Pを介して共有される違法なファイルを特定し，ブロックするために，フィルタリング・ソフトをインストールするように求めた事件である．ブリュッセル大審裁判所は，2007年6月29日に原告の上記請求を容れる判決を言い渡しているが，これは，この種の判決としては欧州で最初のものだといわれている．本件は上訴され，ブリュッセル控訴院は，自身の判断を示す前に CJEU に先決的意見を求めた．意見が求められたのは，次の点である．たしかに欧州法には，権利者がオンライン・サービスの媒介者に対しても差止めを求めうる旨を定めた規定があるが，はたしてアクセス・プロバイダーに対しても，この規定だけにもとづいて，上記のようなフィルタリング措置を求めうるのかという点である．加盟国の国内裁判所がそのような命令を出すことと，各種指令（情報社会指令，エンフォースメント指令，個人データ保護指令[22]，ECD 及び電子プライバシー保護指令[23]）ならびに欧州人権条約8条・10条との整合性が問われたのである．

これに応えて，CJEU は 2011年11月24日に判決を言い渡した[24]．その内容を一言でいうと，Scarlet 社にインストールと運用が求められているフィルタリング・システムは，電子商取引指令15条1項によって禁じられる

---

[22] Directive 95/46/EC of the European Parliament and of the Council of 24 October 1995 on the protection of individuals with regard to the processing of personal data and on the free movement of such data, 1995 OJL 281/31.

[23] Directive 2002/58/EC of the European Parliament and of the Council of 12 July 2002 concerning the processing of personal data and the protection of privacy in the electronic communications sector (Directive on privacy and electronic communications), 2002 OJL 201/37.

[24] CJEU 3rd Chamber of 24 November 2011, Scarlet Extended SA v Société belge des auteurs, compositeurs et éditeurs SCRL (SABAM), C-70/10.

一般的監視義務と整合しないというものであった[25]．また，当該差止命令は，他者の基本権，とりわけプロバイダーの営業の自由を侵害するものであるとも論じられている．さらには，当該システムは，ユーザーのプライバシーに係る基本権を侵害する可能性があること，また適法なコンテンツの流通も阻害してしまうおそれがあるので，情報の発信や受領に関する自由を侵害する可能性があることも指摘されている[26]．

2.3.3 Netlog 事件

　既述のように，Scarlet 事件はアクセス・プロバイダーに関するものであった．ゆえに 2011 年 11 月の CJEU 判決の射程は，それほど広いものではないと推測することもできた．ネットワーク上を流通するすべてのファイルを恒久的に監視するフィルタリング・システムを導入することは，アクセス・プロバイダーにとって過大な負担となるであろうことは，容易に想像しうるところだからである．自身の管理するリソースの範囲がもっと限定的であるホスティング・プロバイダーについては，また違った判断があ

---

[25] 適法なものが含まれうるコンテンツ流通をフィルタリングやブロッキングによって差し止める旨の命令をアクセス・プロバイダー等に対して命じることは，なんら司法手続を経ることなくサービスのユーザーに対し職権で（motu proprio）強制的な措置をとるよう当該プロバイダーに命じるに等しいとして，これを否定する見解がある．O. Bustin, Note sous CJUE（3e ch.）24 nov. 2011, Scarlet Extended SA c/ Sabam, Légipresse, n° 292, 2012, pp.170-171. 論者は，CJEU 判決は，期間の制限のない絶対的な監視義務を差止めとして命じることについてその欧州法との整合性について判断しただけであり，上記のフィルタリングやブロッキングの問題についてなんら示唆を与えていないので，その射程は限定的なものであると論じている．
[26] この判決は，プロバイダーの営業の自由への侵害については，かなりはっきりした判断を示したが，ユーザーの個人情報保護や情報通信の自由等に対する影響については，ややぼかした言い方をしている．この点のインプリケーションについては，下記の文献を参照．E. Psychogiopoulou, "Copyright Enforcement, Human Rights Protection and the Responsibilities of Internet Service Providers after Scarlet", EIPR Issue 8, 2012, pp. 552-555; S. Kulk/F. Zuiderveen Borgesius, "Filtering for Copyright Enforcement in Europe after the Sabam cases", EIPR Issue 11, pp. 791-795.

りうるのではないかと，一応，疑うことができた．

　しかし，Netlog 事件の結末は，そうした推測が成り立ちにくいことを示している．これは同じく SABAM が原告となった事件であるが，訴えられたのは Netlog というソーシャル・ネットワーク・ソサエティ（SNS）を運営する会社であった．ここにおいて再び CJEU が先決的意見を述べる機会を与えられ[27]，この種のホスティング・プロバイダーに対しても，著作権者は既述のタイプのフィルタリング・システムを強制できないという判断を示した．ちなみに，SNS はクラウド・サービスの一種であるといえるから，この判決は，欧州におけるクラウド・コンピューティングの今後を考えるうえでも重要な意味をもつ判決ということができよう．

　では，Scarlet 及び Netlog 両事件の判決によって，プロバイダーの監視義務はほとんど否定されつくしたのだろうか？[28]　これらの判決で述べられるところに従うと，次の条件が満たされさえすれば，逆に監視義務を認めてもよいことになりそうである．第一に，プロバイダーの営業の自由を害しないことである．これは，監視のために用いられる技術がリーズナブルなコストで導入可能である場合に，肯定されよう．第二に，ユーザーのプライバシーやデータ保護に係る権利が尊重されるべきことである．この条件については，ユーザーのプロファイリングにつながるような情報のシステマティックな分析やプロセシングをともなわない類のフィルタリングであれば，クリアできるのではないかと思われる．そして第三に，情報

---

[27]　CJEU 3rd Chamber, 16 February 2012, SABAM v Netlog NV, C 360/10.

[28]　Meale 弁護士は，CJEU が判断したのは，①当該アクセス・プロバイダーのすべてのインターネット上のトラフィックを対象とし，②すべてのユーザーが無差別的に関係し，③無期限に，④侵害予防措置として，⑤専ら当該プロバイダの費用によって実施することが強制されるフィルタリング・システムが欧州法と整合しないと判断しただけであり，上記 5 つの要素のうちの 2 つ，3 つ，あるいは 4 つだけを備えるシステムの適法性の問題については，判決の射程が及ばないことを強調している．D. Meale, "SABAM v Scarlet: Of Course Blanket Filtering of the Internet is Unlawful, but This Isn't the End of the Story", EIPR Issue 7, 2012, p.431

流通の自由を妨げないことである．この条件をクリアできるかどうかは，用いられる技術が違法な情報と適法な情報をそれなりの精度でもって区別できるかどうかに依存することになろう．

　また，完全な侵害予防義務を課すものではなく，もう少し穏当なかたちで部分的に妥当するような，そして費用を請求者（権利者）の側が負担するようなタイプの監視を差止めの内容として命じることが許されるかについては，CJEU は何も言っていないため（判決の射程外），これも未解決の問題として残されていると考えられる[29]．

2.3.4　Newzbin 2 事件

　最後に Newzbin 2 事件について．これは英国内で言い渡された判決（2011 年 7 月 28 日）[30]であるが，プロバイダーの監視義務に関して大きな示唆を与えてくれる．

　事案は次のようなものである．Newzbin という会社が，newzbin.com なるドメイン上でウェブサイトを開設していた．このウェブサイト上では Usenet を活用することができ，それによって海賊版の映画やテレビ番組が掲載された URL へのリンク情報を簡単に取得することができた（Usenet とは，トピックごとに分類されグループ化された情報を交換するホストコンピュータのネットワークのことである．これによってユーザー間でさまざまなファイルの共有がしやすくなる）．そこで複数の映画会社が，Newzbin 社を相手どって訴訟を提起した（Newzbin 1 事件）．高等法院の Kitchin 判事は，当該ウェブサイトが広範に著作権侵害を惹起するものであることを認め，Newzbin 社に差止めを命じ，そのウェブサイトは閉鎖され

---

29)　Cf. Meale, *ibid.*; Bustin, *op. cit.*（n. 25), p.172. V. aussi, V. -L. Benabou, note sous CJUE（3ᵉ ch.）24 nov. 2011, C-70/10（Scarlet c/ Sabam）et CJUE（3e ch.）16 fev. 2012, C-360/10（Sabam c/ Netlog）. Propr. intell. 2012, p.436.

30)　Twentieth Century Fox v. British Telecommunications Plc [2012] 1 All ER 806. 差止命令の正確な文言については 869 頁以下の別判決（2011 年 10 月 26 日）を参照．

ることになった（同社も任意清算手続に入った）.

　しかしほどなくして，同一のURL上で内容をほとんど同じくするウェブサイト（Newzbin 2）が開設された．当該ウェブサイトはスウェーデンに所在するサーバー上に蓄積されており，当該ドメインの登録名義はセイシェル諸島に所在する会社が保有していた．したがって，上記映画会社にとって，Newzbin 2の管理人やそのドメインの登録名義を有する会社を相手どって訴訟を提起することは困難であった．そこで映画会社は，英国最大手のアクセス・プロバイダーであるBritish Telecom（BT）を相手取って訴訟を提起し，BTはNewzbin 2サイトへのアクセスをブロックする技術的な措置を施すべきであると主張した．

　本件訴訟で映画会社が依拠したのは，英国著作権法（1988年法）97条のAの規定である．同条によれば，裁判所は，「サービス提供者が，そのサービスを著作権を侵害するために使用する他の者のことを現実に知っている場合には，そのサービス提供者に対して差止命令を与える権限を有する」[31]．Arnold判事は，BTのサービスがNewzbin 2を介した侵害に用いられていることについて，BTは同条にいう現実の認識を有していたと認めたが，映画会社の求める差止めが（BTにとって）不合理なものとならないかどうかが，さらに検討されねばならない．

　BTは，仮にアクセス・ブロックの措置を施したところで，ユーザーはそれを技術的に回避することができるから，有効な救済とはならないという主張をした．これに対しArnold判事は，実際に回避をするには，多くのユーザーが現在有している専門知識以上のものを要求されるであろうこと，仮にユーザー全員がそうした専門知識を入手しうる能力をもつことになっても，彼ら全員がそうしたことに時間と労力を費やす確たる見込みはないこと，映画会社側が提出した証拠によれば，そうした回避を行おうとすると，他のプロバイダーが提供するサービスに金銭を支払う用意がユー

---

[31] 大山幸房訳「外国著作権法令集　イギリス編」（著作権情報センター・2011）の訳を使用した〔www.cric.or.jp/db/world/england.html〕．

ザーにないかぎり，よりスローで低品質のダウンロードしかできなくなるであろうこと，Newzbin 2 や Usenet サービスを受けるにはそもそも一定の支出をしなければならず，さらに技術的回避を行うための費用を支払うとなれば，必然的に適法なサービスを受領するのにかかる費用との差が小さくなるので，後者を利用しようとするユーザーが増えるであろうことを指摘して，これを斥けている（par. 194-196）．

また，映画やテレビ番組は Newzbin 2 でインデックス化されるものの70％にとどまるが，映画会社の有する著作権が大規模に（on a massive scale）侵害されていることは明白であるとして，当該ウェブサイト自体へのアクセス・ブロックを求める請求は正当化されうるとも述べた（par. 185）．

BT は，欧州人権条約 10 条が定める表現の自由に照らし，映画会社が求める差止めを命じることは，均衡性の原則に違反している（not proportionate）とも主張した．これに対し Arnold 判事は，所有の平穏な享受を保障する同条約第一議定書 1 条にもとづいて映画会社の権利を保護することが不可欠かつ相当であり，その利益は明白に Newzbin 2 のユーザーが有する同条約 10 条にもとづく権利よりも優越し，よって当該救済は均衡性の原則に従うものであると判示している（par. 200）．

なお，Newzbin 2 によってインデックス化された個々のファイルへのリンクにかかる URL を映画会社は特定すべきである，との BT 側の主張に関連して，そのようなことを映画会社に求めれば，日々，URL の長大なリストを作成する甚大な労力とコストを権利者は負担することになってしまうとして，そのような要求は均衡性の原則に適うものでもないし，実際的でもない，との見解を示した．ただし Arnold 判事は，もし Newzbin 2 が，かなりの部分，非侵害コンテンツの情報から構成されるものであったとしたら，結論は違ったものになったかもしれないと指摘している．

ところで BT は，2004 年以降，CleenFeed という技術を実施して特定ウェブサイトへのアクセスをブロックしてきた．Arnold 判事は，CleenFeed

がIPアドレスの再ルーティングとディープ・パケット・インスペクション（deep packet inspection: DPI）[32]をともなうURLブロッキングの双方を活用するものであり，後者においては最小限かつ簡略な分析を行うものであって，詳細でパケットの中身にまで侵入する分析を行うものではないと認めている．そして，BTは，これを用いれば，比較的コストを要することなくNewzbin 2へのアクセスをブロックできると判断した．

しかし，一般にDPIとは，パケットの通信文まで検査するものをいう．パケットのヘッダ部だけを分析するものは，shallow packet inspectionと呼ばれている．したがって，本判決の評釈者のなかには，Arnold判事がDPIという言葉で指し示そうとしているのは，data packet inspectionのことではないかと指摘する者もいる[33]．

本判決は，Scarlet／Netlog事件CJEU判決よりも先に言い渡されているが，Scarlet／Netlog事件判決が示した考え方の下でも，本判決の結論は支持されるという評価がある．Scarlet社に実施が求められたのは，不必要に複雑で費用がかかり，期間の制限がない，その意味では均衡性を欠いた技術的手段であったが，BTに命じられた差止めにはそのような複雑さはなく，費用も穏当であり，また事情の変化に応じてその内容が変更されうるものであったというのがその理由である[34]．

---

[32] DPIとは，ユーザーとウェブサーバーとの間の通信（パケット情報）を検査する技術のことである．この技術を利用して，特定のウェブサイトへの通信を遮断したり，別のサイトに転送したりすることができる．ネットワーク管理システム内に当該インスペクションのための装置を組み込み，遮断・通過するURLのリストをこの装置に設定しておくことで，ブロッキングを行うことができる．

[33] T. Headdon, "Beyond Liability: On the Availability and Scope of Injunctions Against Online Intermediaries After L'Oreal v eBay", EIPR, Issue 3, 2012, pp.142-143.

[34] Ibid., p. 143. Vallottonも，ウェブサイトの全体が露骨に著作権侵害を行うものであり，その主な目的がオンラインの海賊行為を推奨することにあるNewzbin 2のケースからSABAMのケースを区別することが重要であると指摘している．S. Vallotton, "Pirate block", Intellectual Property Magazine, May 2012, p.61.

2.4 免責ルールの適用

2.4.1 ルールの概観

　電子商取引指令では，すべての法的責任について妥当する水平的アプローチ（horizontal approach）が採用され，その14条1項（a）において，ホスティング・プロバイダーが違法情報の存在を現に知らなければ責任を負うことはないとされた．いわゆる「現実の認識（actual knowledge）」の要件である．損害賠償責任に関しては，免責のハードルがもう少し高く設定され，違法情報を推知させる事実や状況の存在をプロバイダーが認識していなければ責任を負うことはないとされた．いわゆる「擬制的認識（constructive knowledge／awareness）」の要件である．権利者などからの通知を含め，なんらかのきっかけにより，現実の認識や擬制的認識をもつにいたった場合には，プロバイダーは，その情報を迅速に削除することが求められる．

　以上のように，14条は，責任制限の要件を限定列挙的に定めている．これこれの条件をクリアさえすれば，責任を負わないということである．したがって，指令の立法者は，明らかに広いセーフハーバーをホスティング・プロバイダーのために設定し，それによって電子商取引を活性化させようとしたのだと考えられる．少なくとも，責任制限のための要件を加重しやすい構造にはなっていない．

　しかしながら，既述のように欧州では，同条のラディカルに縮小的ともいいうる解釈が行われている．すなわち，プロバイダーの上記「認識」を問う前に，そもそも一定の資格を持つホスティング・プロバイダーにかぎって，セーフハーバーの恩恵を享受させようという傾向がみられる．では，その資格とはどのようなものか．

2.4.2　Google AdWords 事件

　Google は，AdWords と呼ばれるサービスを提供している．AdWords とは，Google の検索結果と連動して広告を掲載するサービスである．これにより，広告主は，自社の広告を特定のキーワードと関連付けることで，そのキーワードが検索された場合にのみ，検索結果のページに自社の広告を反映させることができる．Google は，Louis Vuitton 商標の侵害品を販売する業者にもキーワードを販売していたため，Louis Vuitton は，AdWords のシステムが同社の商標権を侵害していると主張して提訴した．

　この訴えはフランスで提起されたが，破毀院は自身の判決を言い渡す前に，CJEU に先決的意見を求めている．これを受けて CJEU が言い渡した判決（2010年3月23日）[35)]では，AdWords は，そもそも Google による商標の使用には当たらないと判断された．ただし，ユーザーの商標権侵害行為に関連して，加盟国の国内法上，なんらかの法的責任が Google の側に成立する可能性があるので，その場合に電子商取引指令の免責ルールをどのように解釈すべきかについても論じている．

　そして，ここでかなり興味深いことが述べられている．CJEU によれば，14条が定める免責ルールの適用を受けるためには，当該プロバイダーの行為が，4条の意味における「媒介サービス・プロバイダー（intermediary service provider）」の行為といえなければならない（par. 112）．そして前文42項からすれば，免責ルールは，プロバイダーの活動が「単なる技術的，自動的，かつ消極的な性質をもつもの（of a mere technical, automatic and passive nature）」である場合にはじめて適用される．そのような場合とは，当該プロバイダーが，伝送され，または蓄積される情報について，知識もコントロールも有していない（has neither knowledge of nor control over

---

35)　CJEU Grand Chamber, March 23, 2010, Google France SARL v Louis Vuitton Malletier SA: Google France SARL v Viaticum SA *et al.*: Google France SARL v CNRRH SARL *et al.* Joined Cases C-236/08, C-237/08, C-238/08, [2010] ECR I 2417.

the information which is transmitted or stored）場合である（par. 113）．14条の便益を享受するには，プロバイダーはそのような意味で「中立的（neutral）」な立場に立つ者でなければならない（par. 114）．AdWords のサービスについては，これを実施するための諸条件を知るうえで，加盟国の国内裁判所こそがベストな立場にあるのだから，14条の免責ルールが同サービスに適用可能か否かは，もっぱら国内裁判所が判断すべきである（par. 119）――．

おそらくCJEUは，媒介サービス・プロバイダーの概念を，指令における文言の通常の意味以上に狭く捉えているといえるだろう．判旨によれば，その活動が「中立的」といいうるプロバイダーだけが，責任を免除してもらうスタートラインに立てることになる．そしてここでいう中立性は，単純に技術的，自動的，または消極的な性質の活動をしているかどうかで判断される（単純に技術的で自動的でありながら消極的でない場合というのは想定しがたいので，「中立的」というのは，ほとんど「消極的」と同じ意味で用いられていると考えられよう）．当該プロバイダーだけが，責任制限というゴールへと続くルートの入り口に立てるのであり，そうでないプロバイダーは，セーフハーバーの外に退場しなければならないのである．

2.4.3 eBay 事件

以上の法理を一層決定的にしたのが，eBay 事件 CJEU 判決（2011年7月12日）[36]である．

eBayは，オークションサイトを運営している会社である．L'Oréal（とその子会社のLancôme）は，eBayのオンライン・マーケット上で特定の販売者がL'Oréalの商標権を侵害する行為を行っており，当該侵害について販売者と共同でeBayも責任を負うと主張した．eBayは，オンライン・マーケット上で違法行為があった場合に備えて，いわゆる notice & take-

---

36) CJEU Grand Chamber, July 12, 2011, L'Oréal SA *et al.* v. eBay International AG *et al.*, C-324/09, CRi (Computer Law Review International) 4/2011, p.108.

down の手続を整えていたが，L'Oréal はこれに満足せず，eBay が Google，MSN，Yahoo! といった検索サービス会社からキーワードを購入して，ユーザーが関連ワードで検索を行ったときに検索結果に eBay の広告が表示されるようにしており，侵害品の販売プロモートに手を貸していると主張した．この訴えは英国で提起されたが，同国の高等法院は，いくつかの問題についてみずから判断を下す前に，CJEU に対して先決的意見を求めている．

　この事件は，純粋に商標法の観点からみても，興味深い論点を多々含んでいる．CJEU はそれらについてもいちいち判断を示しているが，さしあたり本章のテーマに関係する範囲で判旨を紹介しよう．

　判決によれば，eBay が検索サービス会社からキーワードを購入して行う出品された製品の販売プロモーションは，指定商品等についての商標の使用に当たる．そして，その使用態様が，当該製品が商標権者（およびこの者と経済的に密接な関係を有する者）を出所とするか否かの見分けがつかないものであるような場合には，商標の機能が害されているので商標権の侵害が成立する．オークション・プロバイダーが免責ルールの適用を受けるためには，その行為が媒介者としてのそれでなければならない（par. 112）．単純に技術的で自動的な顧客データのプロセシングを行うこと，すなわち中立的なかたちでのサービスを提供するにとどまらず，当該データについての知識またはコントロールをもつにいたるような，積極的な役割をプロバイダーがはたしている場合には，免責ルールの適用を受けることができない（par. 113）．eBay が，販売申出の提示方法を最適化して出品者である顧客を支援したり，またはその販売をみずからプロモートしている場合には，eBay は，もはや出品者である顧客と潜在的な購入者の間で中立的な立場をとっているとはいえず，顧客データについて知識とコントロールをもつにいたる積極的役割をはたしている（par. 116）．eBay が実際にそのような役割を演じているかどうかを最終的に判断すべきであるのは，国

内裁判所である[37] (par. 117)．

以上に明確であるように，この判旨は，Google AdWords 事件判決が示した電子商取引指令の縮小解釈を踏襲するものである．

ところで，アクティブ・プロバイダーにはそもそも 14 条を適用してもらえないという上記のロジックは，既述のように指令前文 42 項を根拠としている．この規定の文言はかなり抽象的で漠然としており，一読して具体的な技術内容に関連付けることは難しい．しかし，その文言を精読するに，これはどちらかといえばキャッシングにかかる規定であって，ホスティングにかかるものではないと考えられる．というのも，同項は，もっぱら通信を効率的にするためにニュートラルな役回りに徹しているプロバイダーについて，責任を制限すると規定しているからである[38]．そうすると，この規定を根拠に，CJEU がしたような解釈をするのは，本来は誤り，ということになるのかもしれない[39]．

---

[37] CJEU は免責ルールの適用範囲を狭めたが，オークション・プロバイダーの間接侵害責任の成否については特段の言及をしなかったので，依然として各加盟国は権利者側に重い証明責任を課す国内立法も行えるし，その意味では本判決の実際的意義はいくつかの加盟国（とくに英国）においては極小化されたとの指摘もある．D. Lievens, "L'Oréal v. eBay – Welcomed in France, Resented in England", IIC, Vol.43, 1/2012, p.71.

[38] 電子商取引指令前文 42 項は，次のような規定である．"The exemptions from liability established in this Directive cover only cases where the activity of the information society service provider is limited to the technical process of operating and giving access to a communication network over which information made available by third parties is transmitted or temporarily stored, for the sole purpose of making the transmission more efficient; this activity is of a mere technical, automatic and passive nature, which implies that the information society service provider has neither knowledge of nor control over the information which is transmitted or stored."（傍線部報告者）

[39] Van Eecke 及び Truyens 両弁護士は，「もっと注意深く読めば，前文 42 項の内容は単なる導管とキャッシングサービスにのみ言及するものであることがわかる．なぜなら，前文は，責任制限の便益が『…送信をより効率的にするということだけを目的とする…通信ネットワークの運営およびアクセスにかかる技術的なプロセス

だがいずれにしても，ニュートラルなプロバイダーだけが14条適用のスタートラインに立てるという考え方は，上記2つのCJEU判決によって，実務上，確立されてしまった．今後，欧州の国内裁判所は，さまざまなケースにおいて「アクティブ」と「ニュートラル」の間に線を引くという，厄介で複雑な課題に取り組まなければならなくなった（それはまた，クラウド・サービスのプロバイダーに関しても，基本的には同様であると考えられる）．この課題の難しさは，eBay事件CJEU判決の前後に，やはりeBayに関して，フランスの国内裁判所が複数の一貫しない判決を言い渡していることからもうかがえる[40]（あるものはeBayを単なる媒介者と認め[41]，あるものはそうではないと判断した[42]）．こうした混乱のさなかに，破毀院は，eBayのサイト上で行われた商標権侵害に関して，3つの判決を同日に言い渡した（2012年5月3日）[43]．それらは，原審（パリ控訴院）が認定したeBayの各種サービス内容[44]からすれば，原審は，eBayが上記の意味での

に限定される』と規定しているからである」と述べている．P. van Eecke / M. Truyens, "L'Oréal v. eBay: The Court of Justice Clarifies the Position of Online Auction Provider", CRi 5/2011, p. 132.

40) 従前の国内裁判所の裁判例には，プロバイダーが提供しているサービスの内容ごとに当該プロバイダーが「出版者」に比すべき存在か否かを判断する手法を採用するものもあったが，Berguig弁護士によれば，目下のところそうした1つのプロバイダーに複数の役割を認める手法は好まれておらず，裁判所は統一的な性質決定を行う傾向にあるという．M. Berguig, Note sous Cass. com., 3 mai 2012, Légipresse, n° 296, 2012, p. 443.

41) TGI Paris, 26 oct. 2010, disponible sur〔http://www.legalis.net/spip.php?page=jurisprudence- decision&id_article=3144〕：TGI Paris 13 mars 2012 disponible sur〔http://www.legalis.net/spip.php? page=jurisprudence-decision&id_article=3356〕：CA Paris, pôle 5, 1re ch., 4 avr. 2012, disponible sur〔http://www.legalis.net/spip.php?page=jurisprudence-decision&id_article=3378〕．

42) CA Reims, ch. civ. 1re sec., 20 juill. 2010, disponible sur〔http://www.legalis.net/spip.php?article 2960〕．

43) Cass. com., 3 mai 2012, Légipresse, n° 296, 2012, p. 438, comm. Berguig.

44) CA Paris, pôle 5, 2e ch., 3 sept. 2010, disponible sur〔http://www.legalis.net/spip.php?page=jurisprudence-decision&id_article=2972〕．出品者が個人アカウント

積極的な役割をはたしていると認めることができたというものであった．これらの破毀院判決によって，同国における eBay の地位をめぐる流動的な状況は，ある程度落ち着くことになるかもしれない．しかし，従前の法的混乱に鑑みると，事実審判事たちが，法律審によって提示された枠組みを超える事実認定を行うことで静かな抵抗を続けると予想することも，なお可能である[45]．

2.5　若干の考察——結びにかえて

　これまでの記述によって，論点が比較的明確になったと思われるので，ここにそれらを抽出してみたい．

　まず，欧州法の規律の下では，プロバイダーの差止めに服する責任が広範に成立する可能性がある．少なくとも指令の文言自体がカバーしている範囲は広い．そこで，被請求人の範囲と差止めの内容を合理的なものに絞り込む必要があるが，その際に基本的な指針となるのが，均衡性，実効性および他者の基本権尊重である．

　均衡性の要請からは，不必要に複雑で費用がかかり，被告に過大な負担を課し，そのビジネス自体の成立を危うくする差止めは許されないということが導かれよう．では，（関連する国内法の作りにもよるが）権利者側が一部費用を負担するかたちであれば，多少過大な内容の差止めであっても認められるのか，という問題が出てくる．また，被告サービスにおける侵害率の程度によっては，被告サービス全体の停止を余儀なくする差止めも例外的に認められるのかということも問われうる．少なくとも Newzbin 2

を開設できるようにしたり，出品者に情報提供を行って出品を最適化し，支援していることや，ユーザーにメッセージを送信して入札を促したり，落札できなかった入札者に類似品のオークションを紹介するなどのサービスを行っていることを原審は認定していた．

45)　En ce sens, Berguig, *op. cit.* (n. 40), p. 444.

事件判決は，これに肯定的な回答を示しているが，侵害率がもっと微妙なケースでは，おのずと不確実性が増すと考えられる．

次に実効性の要請からは，ユーザーが容易に回避・迂回しうるような差止めは認められないということが導かれる．そして，ここからもさらに次の問題群が生じる——権利者が特定したコンテンツの全部でなくとも，その相当部分を確実にブロックできるのであれば，差止めは認められるのか（①），そしてその場合，相当部分とはどの程度とすべきか（②），また，実効性を判断するうえで，その基準となる迂回を試みるユーザーの技術レベルをどの程度に見積もるべきか（③）という問題である．

①に対する回答として，直接の参考にはならないけれども，Google Suggestion 事件判決は，侵害の予防・停止に貢献しうる措置であれば，広く差止めの内容として認められるとしている．③については，Newzbin 2 事件判決が採用した立場では，平均的なユーザーの技術レベルが目安とされているようである．また，同判決では，単に物理的に迂回が可能かどうかだけではなく，費用対効果の面で迂回するインセンティブがあるかといった検討がされていることも注目に値しよう．

最後に，他者の基本権の尊重という要請からは，既述のプロバイダー・ビジネス自体の存立を危うくしないということのほかに，適法なファイルまでブロックする差止めは許されないということが導かれる（表現および情報流通の自由）．だが，厳密にこれを要求すると，オンライン・サービスの媒介者に対する差止めのハードルが著しく上がってしまうので，ある程度の誤差は，欧州法の下でも許容範囲内とされねばならないように思われる．また，同じく基本権尊重の要請からは，ユーザーの個人情報の分析をともなう差止めは認められないということが導かれようが（プライバシー，個人データ保護），Newzbin 2 事件判決では，パケットヘッダ部までの分析までは許容されるという興味深い判断が示されている．

媒介者の損害賠償責任等は，（差止めとは対照的に）電子商取引指令によって，明確，一義的かつ広範に免除されているようにみえるが，近時の法

解釈によれば必ずしもそうとはいえない．アクティブな役回りを演じているプロバイダーと評価されれば，この者は指令14条が保障するセーフハーバーの外に出なければならない．そしてアクティブかそうでないかは，今のところきわめて抽象的なものにとどまっている基準——「伝送され，又は蓄積される情報について，知識もコントロールも有していない」といえるかどうか——に依存している．

　いずれの論点においても，欧州法がさらに透明性を増すことが期待されているということができるだろう．CJEU判決のアドホックな積み重ねではなく，それ以外の手段も含めて比較的早期にそれを実現することができなければ，欧州委員会が狙っているようなクラウド・コンピューティングの経済効果を十全に発揮させることは，難しいのではなかろうか．

第 3 章　米国におけるクラウド・コンピューティングと著作権
ロッカー・サービスに焦点を当てて

奥邨弘司

3.1　はじめに

　本章では，クラウド・コンピューティング（以下，クラウド）のうち，サービスの特性上，コンテンツの複製や送信が必須となるロッカー・サービスに焦点を当てて，米国著作権法上の課題について検討することとしたい．具体的には，まず，ロッカー・サービスを 4 つのタイプに分類したうえで，タイプごとに著作権法上どのような課題があるのかを簡単に検討する．その後，ロッカー・サービスについての裁判例（MP3tunes 事件）を紹介し，若干の考察を加える[1]．

3.2　ロッカー・サービスと米国著作権法

3.2.1　ロッカー・サービスとは何か
(1) ロッカー・サービスとは，クラウド上の自分専用の記録領域をロッカーに見立て，そこに，ユーザーがコンテンツを保管し，保管したものを，いつでも，どこでも，どんな端末からでも，インターネット経由で視聴などができるようにするサービスのことである．クラウドの種類としては，通

---

[1] 本章における検討は，民事責任に関するものに限定する．

常 SaaS に分類できよう[2]．

　ロッカー・サービスという場合，基本的には，以下にみるタイプ②のサービスを指すべきものと考えるが，巷間さまざまな類似サービスが，ロッカー・サービスと称される傾向にあるので，ここでは，それら広義のロッカー・サービスについて，分類してみたい．広義のロッカー・サービスは，保管されたコンテンツにアクセスできるユーザーが1人にかぎられる「プライベート型」と，当該ユーザー以外の第三者多数によるアクセスを認める「共有型」とに大別できる[3]．また，クラウドに保管されるコンテンツを誰が用意するのか，具体的には，クラウド事業者が用意するのか，それともユーザー自身が用意するのか，に注目すると，「配信型」と「自炊型[4]」とに分類することが可能である．以上を表にまとめると，次のようになる．

表3.1　広義のロッカー・サービスの分類

	配信型	自炊型
プライベート型	タイプ①	タイプ②
共有型	タイプ③	タイプ④

（2）タイプ①は，ロッカーに保管されたコンテンツにアクセスできるユー

---

[2]　SaaSについては，序章2頁および8頁参照．
[3]　より厳密にみると，たとえば家族や親友のような特定少数の人間とのみ共有可能なサービスも存在するが，そのような場合はプライベート型と分類して問題ないであろう．また，サービスとしてはプライベート型でも，あるユーザーが，自身のロッカーを利用するためのIDやパスワードを誰でもアクセス可能な掲示板に記載するなどして，結果，当該ロッカーを第三者多数が利用可能な状態にする場合も見受けられる．この場合は，サービス提供者に関してはプライベート型であるが，当該ユーザーに関しては共有型であると整理すべきであろう．
[4]　ユーザーが「手持ちの書籍や雑誌を裁断・解体し，各ページをイメージスキャナーで読み取り，電子書籍化すること」（デジタル大辞泉〔http://dictionary.goo.ne.jp/leaf/jn2/96722/m0u/〕）を自炊と呼ぶ．これにならい，本章では，ロッカー・サービスにおいて，ユーザーみずからコンテンツを用意する場合を，「自炊型」と呼ぶこととしたい．

ザーは1人だけであり（プライベート型），また，ロッカーに保管されるコンテンツはクラウド事業者から提供されるものとなる（配信型）．現在提供中のサービスでいえば，Amazon Cloud Player がこれに当たろう[5]．

タイプ②の場合，タイプ①同様に，ロッカーに保管されたコンテンツにアクセスできるユーザーは1人だけであるが（プライベート型），タイプ①とは異なり，コンテンツはユーザー自身が用意することになる（自炊型）．いわゆる，オンライン・ストレージと呼ばれるサービスは，すべてこれに該当することになる．また，事件として裁判で争われたものをあげれば，後に紹介する MP3tunes 事件のサービスがこれに当たるし，わが国の事件でいえば，MYUTA 事件[6]で問題となったサービスもタイプ②に分類できよう．

タイプ③およびタイプ④は，ロッカーに保管されたコンテンツにアクセスできるユーザーが多数であるという点（共有型）で，タイプ①やタイプ②と異なってくる．そのうち，タイプ③は，クラウド事業者がコンテンツを用意するもの（配信型）であり，タイプ④は，ユーザー自身がコンテンツを用意するもの（自炊型）となる．もっとも，タイプ③は，実際のところ単なる配信サービスにすぎないといえるだろう．タイプ④に該当する典型例としては，FBI によってサイトが封鎖された MegaUpload をあげることができるだろう[7]．

(3) 理論的には，以上のように4つのタイプに分類できるが，実際のサービスは，複数のタイプを組み合わせたものとなっている場合も少なくない．

---

5) 「Amazon.co.jp で購入した MP3 楽曲および MP3 アルバムは，過去に購入されたものも含め，無料で自動的にクラウドに保存されます．」〔http://www.amazon.co.jp/b?ie=UTF8&node=2439639051〕
6) MYUTA 事件判決（東京地判平成 19 年 5 月 25 日判時 1979 号 100 頁）．
7) 「米司法省と FBI，MEGAUPLOAD を著作権侵害容疑で遮断　関係者を逮捕」ITmedia ニュース．〔http://www.itmedia.co.jp/news/articles/1201/20/news049.html〕

たとえば，Apple社のiCloudサービスは，ユーザーが撮影した写真や作成した文書などのコンテンツについては，タイプ②のロッカー・サービスとして機能する[8)9)]．一方，音楽コンテンツについては複雑である．まず，ユーザーがiTunes Music Storeで購入した楽曲については，タイプ①として機能する．次に，ユーザーがiTunes Matchサービスを契約している場合，ユーザーのパーソナル・コンピュータ上の音楽コンテンツのうち，iTunes Music Storeで販売されている楽曲についてはタイプ①として機能し[10)]，販売されていないものについてはタイプ②として機能する．このように，複数のタイプを複合したサービスの場合は，当然，タイプごとの分析が必要となるので注意を要する．

3.2.2 著作権法上の課題

(1) タイプごとに，どのような著作権法上の課題があるのか，簡単にみていこう．

　タイプ①の場合は，クラウド事業者がユーザーにコンテンツを提供するという点で配信サービスと異ならず，事業者が，コンテンツの権利者から（どのような）ライセンスを受けているのかがポイントとなってくる．というのも，タイプ①のようなかたちでコンテンツを利用することについて，クラウド事業者が権利者からライセンスを受けているならば，クラウド事業者についても，ユーザーについても，著作権法上の問題は発生しないからである[11)]．逆に，もし，クラウド事業者が，ライセンスを受けることなく，

---

8) 元麻布春男「WWDCの焦点となったiCloudを分析する」PCWatch〔http://pc.watch.impress.co.jp/docs/column/hot/20110609_451344.html〕の「焦点となったiCloudとは」の節参照．
9) push機能はここではとりあげない．
10) ユーザーのコンテンツはアップロードされず，事業者からコンテンツが提供される．
11) ただし，そのライセンスで許された範囲を超えて，事業者やユーザーがコンテンツを（支分権に該当するような方法で）利用した場合は，当該利用を行った者に

タイプ①のサービスをはじめた場合は問題となる．この点，過去問題となった MP3.com の My.MP3.com サービスの事例が参考になろう．

My.MP3.com のサービスにおいては，同サービスを使用するための専用ソフトウェアに特別な機能が存在し，それによってサービスを実現していた．すなわち，前記専用ソフトがインストールされたパソコンにユーザーが CD をセットすると，当該ユーザーがその CD を保有していることが自動的に「確認」される．「確認」がすむと，ユーザーは当該 CD の内容を自分でリッピングしてロッカーに保管する必要はない．なぜなら，MP3.com 社によってあらかじめリッピングされたデータを利用できる仕組みとなっていたからである[12]．MP3.com 社は，このようなサービスを提供することについて，CD に関する著作権者から許諾を得ていなかったため，このサービスを提供するやいなや，MP3.com 社はレコード会社などによって，著作権侵害で訴えられることとなった．MP3.com 社は，複製は，ユーザーによるスペースシフトのための複製であり，フェア・ユースにあたると主張したが，裁判所はこれを認めず，MP3.com 社による直接侵害が認定された[13]．

(2) タイプ②に関する著作権法上の論点については，MP3tunes 事件判決における議論が参考となるので，次節において詳しくみていきたい．ポイントは，DMCA（Digital Millennium Copyright Act：デジタルミレニアム著作権法）のセーフハーバーの適用如何となる．

(3) タイプ③は，前述のように単なる配信サービスと考えられるから，タイプ①同様に，サービスを提供する事業者が，提供するコンテンツに関して，当該サービスにおける利用についてライセンスを得ていなければ，著

ついて著作権侵害の問題が生じる．
12) Beamit 機能と呼ばれた．
13) UMG Recordings, Inc. v. MP3.com, Inc., 92 F.Supp. 2d 349 (S.D.N.Y. 2000).

作権侵害[14]となる.

(4) タイプ④であるが，この場合は，多数の者にコンテンツを共有させているという点で，真っ黒なサービスのようにも思えるが，サービス提供者に関していえば，必ずしもそうではない．というのも，著作権法的に考えるならば，タイプ④のロッカー・サービスは，電子掲示板や動画投稿共有サイトと同種のものといえるからである．そのため，もしタイプ④サービスを提供する事業者が，次節でみる DMCA のセーフハーバーを享受するために必要な要件と手続きをすべて満足するならば，当該事業者は，少なくとも民事責任の追求からは，セーフハーバーによって保護されることになる（つまり，タイプ②と同様の検討となる.）.

ただ，そうだとすると，MegaUpload はどうなのか，という疑問が生じる．この点，FBI 絡みは刑事責任であって，そもそも DMCA のセーフハーバーの対象外という状況にあることが指摘できよう[15]．また，MegaUpload の場合は，ユーザーに違法なファイルのアップロードを（システムとして）推奨していた，という状況も存在するようで，この点からすると，民事に関しても DMCA のセーフハーバーの適用を受けられない可能性がある[16].

なお，タイプ④サービスの場合に，仮にサービス提供者が DMCA のセ

---

[14] 一般的には，複製権侵害，頒布権侵害（ダウンロード可能な場合），公の実演権侵害（ストリーミングの場合）が考えられる.

[15] ロッカー・サービスに関するセーフハーバーを定める，米国著作権法 512（c）条は，金銭的救済と差止命令からの保護のみに言及しており，刑事責任については言及していない．ただ，刑事責任は故意の場合のみ科されるが（506 条），その場合は，通常，侵害行為についての現実の認識または危険信号の認識が存在するものと思われるため，そもそもセーフハーバーの適用がなくなるのではないかと考えられる（Nimmer on Copyright §12B.01 Footnote194 も参照）．現実の認識および危険信号の認識について詳しくは後述.

[16] Viacom Int'l v. YouTube, Inc., 676 F.3d 19 (2d Cir. 2012) および UMG Recordings, Inc. v. Veoh Networks, Inc., 106 U.S.P.Q. 2d (BNA) 1253 (9th Cir. 2013)

ーフハーバーによって保護されるとしても，そのことはユーザーの立場にはなんらの影響も与えない．したがって，ロッカー・サービスを用いてコンテンツを第三者多数と共有したユーザーは，その点について著作権侵害責任を問われる余地がある．

3.3　MP3tunes 事件 [17)18)]

この節では，タイプ②のロッカー・サービス提供者に対して著作権侵害責任が問われ，DMCA のセーフハーバーの適用の有無が争われたことで注目された MP3tunes 事件を題材として検討してみたい．

3.3.1　事実関係

(1) MP3tunes 社が運営する，MP3tunes.com と Sideload.com の 2 つのサイトのうち，MP3tunes.com はロッカー・サービスを提供するウェブサイトである．ユーザーは電子メールアドレスとパスワードを登録するだけで，無料で同サービスが利用可能となり，前記サイト上に，音楽ファイルをインターネット経由でアップロードすることができる自分専用の記録領域を

は，512（c）条のセーフハーバーを受けるための要件の 1 つである「侵害行為の管理権・能力を有しない」に関して，侵害行為を誘因している場合は満たされない（すなわち，侵害行為の管理権・能力が存在する）ことになるとする．詳細は後述．また，MegaUpload に関しては，民事で訴えられた事件において，ユーザーが行ったコンテンツの無断アップロードなどに関して，同社よる直接侵害，寄与侵害，代位責任を求める原告の訴えの却下を求める同社の申立て（motion to dismiss）が認められなかったという事例がある（Perfect 10 v. Megaupload, 2011 U.S. Dist. LEXIS 81931 (S.D. Cal. July 26, 2011))．なお，この時点で同社は DMCA のセーフハーバーの適用を主張していないし，前記決定は，後の和解を受けて取り消されている．

17)　詳細は，奥邨弘司「ロッカー・サービスと DMCA のセーフハーバ ― MP3tunes 事件正式事実審理省略判決が示唆するもの―」『知的財産法政策学研究』40 号（北海道大学情報法政策学研究センター・2012）33 頁以降参照．

18)　なお，判決後 2 年あまりの歳月を経て，その reconsideration が行われた．当該見直決定については，本章末尾〔補遺〕参照．

有している．アップロードされた音楽は，パソコンやスマートフォンからアクセスして再生できるし，同期機能を利用することで，ダウンロードすることもできる．

　ロッカーにアップロードされる音楽ファイルは 2 種類に分けられる．ひとつは，ユーザーのパソコンのハードディスクに記録されているものであり，今ひとつは，インターネット上に公開されている音楽ファイルである．ユーザーは，パソコン上の音楽ファイルについて，任意のものを手動でアップロードすることもできるし，MP3tunes 社が提供するソフトウェアの同期機能を利用してアップロードすることもできる．インターネット上に公開されている音楽ファイルについては，MP3tunes.com サイトの所定の入力欄に音楽ファイルが公開されているウェブサイトのアドレスを入力などすると，ウェブサイト上のファイルを直接ユーザーのロッカーに保管してくれる仕組みとなっている（この仕組みは，ウェブロードと呼ばれる）．

(2) MP3tunes 社が運営する今ひとつのサイト，Sideload.com は，インターネット上で，無料で音楽を公開しているウェブサイトへのリンクが掲載されている一種の検索エンジンサービスのようなものである．

　Sideload.com の検索機能を利用して，ユーザーは，自身の望む音楽ファイルが，インターネット上のどのサイトで公開されているのかを探し出すことができる．検索結果のリストをクリックすると，音楽ファイルの再生やダウンロードが可能で，かつ，音楽ファイルを公開しているサイトへ移動するリンクを掲載したページが表示される．また，MP3tunes.com の会員であるユーザーが，MP3tunes.com サービスにサインインした状態で Sideload.com を利用すると，リストの横のアイコンを押すだけで，リンク先で公開されている音楽ファイルを前述のウェブロードによって，ユーザー自身のロッカーに直接保管することができる（この機能はサイドロード

と呼ばれている）[19]．なお，ユーザーがどのサイトからどのようなファイルをサイドロードしたのかについての記録（ログ）は，MP3tunes 社のシステムに保存されるようになっていた．

(3) 原告は，EMI をはじめとするレコード会社および音楽出版社の計 15 社（以下，まとめて X）であり，被告は，MP3tunes 社（以下，Y1）およびその創業者であって CEO であるマイケル・ロバートソン氏（Robertson, M. 以下，Y2）である．

　EMI の北米子会社は，自社の音楽 350 曲とそれらに関する著作権を侵害していると考えるウェブサイトのアドレスを特定した削除通知（以下，本件特定通知）を Y1 に対して送付した．また，EMI のアーティスト名の一覧表および具体的に特定されていなくても同社の著作物をすべて削除することを求めた通知（以下，本件非特定通知）も，Y1 に対して送付した．Y1 は，本件特定通知中で特定されたウェブサイトへのリンクを，Sideload.com より削除した．しかし，ユーザーが，サイドロード機能によって前記リンク先から自身のロッカーに保管した音楽ファイルについては削除しなかった．Y1 は，EMI の北米子会社に対して，侵害物に対するリンクの特定を要請したが，子会社は本件非特定通知で十分と返答した．

　その後，X は，Y1 および Y2 を，音楽および録音物に関する著作権侵害などで訴えた．

3.3.2　判決の概要

　ポイントについては後ほど詳しくみることにして，ここでは，本判決[20]の概要を紹介しておきたい．まず本判決は，Y1 が，DMCA のセーフハーバー，具体的には米国著作権法 512（c）条および 512（d）条によって保

---

19)　MP3tunes サービスのユーザーがウェブロードした楽曲の URL が，Sideload.com に掲載されていない場合，システムによって自動的に追加される．
20)　Capitol Records, Inc. v. MP3tunes, LLC, 821 F. Supp. 2d 627（S.D.N.Y. 2011）．

護されるか否かを検討し，原則としてこれを肯定する．ただし，本件特定通知によって特定された URL から，ユーザーがサイドロードを行って自身のロッカーに保管したファイルに関して，Y1 がユーザーのロッカーから削除しなかった点についてのみ，セーフハーバーによる保護を否定する．そのうえで，ユーザーによるサイドロードを複製権侵害と断じ，Y1 はそのような侵害行為を認識したうえでそれに寄与していると判断し，前記のサイドロードされたファイルについては，Y1 による寄与侵害にあたるとして，X の事実審理省略判決の申立を認めた．

3.3.3 DMCA セーフハーバー適用の有無

(1) 512 (c) 条は，「サービス・プロバイダーによってまたはサービス・プロバイダーのために，管理または運営されているシステムまたはネットワーク上に，ユーザーの指示にもとづいて素材が蓄積され存在していることを理由とする著作権侵害」が問題となった場合に適用される可能性のあるセーフハーバーであり，電子掲示板や動画投稿サイトの管理運営者，ウェブサイトのホスティング業者などは，このセーフハーバーの典型的な適用対象者である．本件の場合でいえば，ロッカー・サービスである MP3tunes.com サービスに関して，Y1 にセーフハーバー適用の余地がある．

一方，512 (d) 条は，「サービス・プロバイダーが，情報探知ツール（ディレクトリー，インデックス，リファレンス，ポインターまたはハイパーテキストを含む）を使用することによって，ユーザーに，侵害素材や侵害行為を含むオンライン上の場所への参照やリンクを提供することを理由とする著作権侵害」が問題となった場合に適用される可能性のあるセーフハーバーであり，検索サービスやリンク集の提供者が典型的な適用対象者となる．本件の場合でいえば，検索サービスである Sideload.com サービスに関して，Y1 に適用の可能性がある．

これらのセーフハーバーは，サービス・プロバイダーを強力に保護する．というのも，いったんセーフハーバーの適用が認められると，サービス・

プロバイダーは、著作権侵害に関して、損害賠償その他の金銭的な支払い責任を一切負わないからである。また、差止命令も、512 (j) (1) (A) (i)～(iii) 条に定められた態様のものに限定され、サービス・プロバイダーにとって実質的な負担はなくなる[21]。そのため、セーブハーバーによって保護されることが明らかになれば、サービス・プロバイダーに著作権侵害責任[22]が生じるか否かを論じる必要性は、事実上なくなる。結果、本件でも 3.3.2 判決の概要でみたように、裁判所はまず、DMCA のセーブハーバーが適用されるか否かから検討をはじめている[23]。

(2) 512 (c) 条のセーフハーバーが適用されるためには、以下の①から④のすべてを満足しなければならない。

---

[21] 512 (j) (1) (A) (i)～(iii) 条に定められた態様の差止命令は、裁判所によって特定された素材へのアクセス停止（(i) 条）および、同じく特定されたユーザーへのサービス提供停止（(ii) 条）となる。もっとも、これらについては、セーフハーバーの適用を受けることのできるサービス・プロバイダーなら、ルーチン業務（DMCA 準拠通知で特定された素材の削除および反復的侵害者のアカウント解除）と同様のものであるから、そういった命令が発せられる余地は少ないし、仮に命令が発せられたとしても、その実行は容易であろう。また、(iii) 条は、侵害の予防や停止のために裁判所が必要と考える差止命令を発しうる旨を定めるが、同条但し書きおよび 512 (j) (2) 条の規定によって、裁判所は、サービス・プロバイダーの負担をできるかぎり少なくすることが求められているため、過大な差止命令が発せられる可能性も低い。

[22] 直接侵害責任か二次的侵害責任かを問わない（H. R. Rep. No.105-551, pt.2, at 50 (1998) 参照）。

[23] もっとも、他の裁判例にもみられるこのような検討順序には批判もある。たとえば、Mary Rasenberger and Christine Pepe, *Copyright Enforcement and Online File Hosting Services: Have Courts Struck the Proper Balance?*, 59 J. Copyright Soc'y 627, 658 (2012) は、このような順序で検討するために、DMCA が定める限定的な差止救済がおろそかになっている点、またそのために、セーフハーバーを認めるための認識要件などが、寄与侵害や代位責任に関するコモン・ロー上の伝統的な要件に比べてプロバイダーに有利になっている点を批判している。

① 512 (k)(1)(B) 条の「サービス・プロバイダー」の定義に合致すること
②以下の（a）と（b）とをともに満足する適格サービス・プロバイダーであること
　（a）標準的技術的手段に適応しかつ阻害しないこと
　（b）反復的侵害者対処ポリシーを実践していること
③以下の（c）または（d）のいずれかであること
　（c）下記（i）～（iii）のすべてを満たすこと
　　（i）システムやネットワーク上の素材または素材を用いた行為が侵害であることについて現実の認識を有していない
　　（ii）侵害行為を明白とする事実や状況（以下，危険信号）を認識していない
　　（iii）DMCA の規定に準拠した，侵害を主張する通知を受領していない（DMCA 準拠通知を受領する窓口を定め公表することなどを含む）
　（d）（c）を満たさない場合（すなわち，上記（i）～（iii）のいずれかを満たさない場合）問題となっている素材を迅速に削除またはアクセス不能とする
④以下の（e）または（f）のいずれかであること
　（e）侵害行為の管理権・能力を有しない
　（f）侵害行為の管理権・能力を有するが，侵害行為に直接的に帰する金銭的な利益を受領していない

　512 (d) 条のセーフハーバーが適用されるための条件も，上記①～④とほぼ同様であり，違いは，通知を受けて，削除やアクセス不能にしなければならない対象が，侵害素材そのものではなくて，侵害素材への参照やリンクとなる点である。

第 3 章　米国におけるクラウド・コンピューティングと著作権　　　83

(3) 本判決は，前記①～④のうち，①，②および④について，Y1 は条件を満足していると認めた．それぞれ簡単に説明すると，まず，ユーザーのアップロードするファイルを保管する Y1 は，「オンライン・サービスもしくはネットワーク・アクセスのプロバイダー，または，そのための施設のオペレーター」(512 (k)(1)(B) 条）に当たるとして，そのサービス・プロバイダー該当性を肯定した（前記①）．

次に，Y1 が「(1) 削除通知に対応するシステムを有していること，(2) 著作権者が通知を発する能力を害しないこと，(3)『適切な状況』下では，繰り返しまたは露骨に著作権を侵害するユーザー[24]を解約すること (CCBill 事件判決[25]，1109～1110 頁参照)」の 3 つを満足していることを確認したうえで，Y1 が，ロッカー・サービスを用いて音楽ファイルを第三者と共有している悪質なユーザーの解約を行っていたこともあわせて指摘して，Y1 は前記②(b) を満足しているとした[26]．本判決のこの論理は，少なくとも，動画投稿共有サイトの管理運営者について，DMCA のセーフハーバーの適用が問題となった裁判例[27]（以下，最近の裁判例）で採用された

---

24) ただし裁判所は，ウェブサイトに無断で公開されている音楽を，自身のロッカーにサイドロードするだけのユーザーは，「反復的侵害者」とはいえないとする．

25) Perfect10, Inc., v. CCBill, 488 F.3d 1102 (9th Cir. 2007).

26) なお，前記②(a) の標準的技術手段については，現状ではそもそも存在しないと理解されているため，とくに言及されていない．

27) Io 事件判決（Io Group, Inc. v. Veoh Networks, Inc., 586 F. Supp. 2d 1132 [N.D.Cal. 2008]），UMG 事件判決（地裁〔UMG Recordings, Inc. v. Veoh Networks, Inc., 665 F. Supp. 2d 1099 (C.D.Cal. 2009)〕および控訴裁〔UMG Recordings, Inc. v. Veoh Networks, Inc., 106 U.S.P.Q.2d (BNA) 1253 (9th Cir. 2013)〕），Viacom 事件判決（地裁〔Viacom v. YouTube, 718 F. Supp.2d 514 (S.D.N.Y. 2010)〕および控訴裁〔Viacom Int'l, Inc. v. YouTube, Inc., 676 F.3d 19 (2d Cir. 2012)〕）の 5 つである．このうち，Io 事件判決，UMG 事件地裁判決，Viacom 事件地裁判決については，奥邨弘司「動画投稿共有サイト管理運営者と著作権侵害 ――民事責任に関する日米裁判例の比較検討」『知的財産法政策学研究』33 号・35 号・36 号（北海道大学情報政策学研究センター・2011）において，詳細な検討を加えた．また，UMG 事件控訴裁判決（ただし，〔UMG Recordings, Inc. v. Veoh Networks, Inc., 106 U.S.P.Q. 2d (BNA) 1253 (9th Cir. 2013)〕によって取り下げられる前の〔UMG Recordings v.

論理と整合的であるといえる[28]．すなわち，それらの裁判例では，CCBill事件判決の3条件の履行を，反復的侵害者対処ポリシーが実践されているか否かを判断するための最低限の基準としたうえで，実際に反復的侵害者のアカウントを解除している実績もふまえて，サービス・プロバイダーが，反復的侵害者対処ポリシーを合理的に実践していると判断したからである．

　前記④について本判決は，サービス・プロバイダーが自身のシステムを管理運営する権限や能力を有する程度では侵害行為を管理できたとはいえないとした[29]．また，侵害行為の多寡と直接関係しない定額の使用料をサービス・プロバイダーが受け取っているだけでは，侵害行為に直接的に帰する金銭的利益を享受しているとはいえないとも判断した．Y1は前記④を満足するとの判断は，これも最近の裁判例の考え方におおむね沿うものであった．

(4)　本件でもっとも問題となったのは，前記③(d)であった．

　先にみたように，Y1は，本件特定通知を受領している．とすると，本件特定通知がDMCAの規定に準拠するものであった場合，Y1がセーフハーバーによる保護を受けるためには，ロッカー・サービスについては，通知中に特定された侵害素材を迅速に削除またはアクセス不能としなければならず，リンク集サービスについては，通知中に特定された侵害素材への参照やリンクを削除またはアクセス不能としなければならない．しかしなが

Shelter Capital Partners, 667 F.3d 1022（9th Cir. 2011）］）およびViacom事件控訴裁判決については，奥邨・前掲注17）72～74頁で簡単な紹介を行っている．

28)　たとえば，注23）にあげたRasenberger and Pepeの論文は，最近の裁判例の示すところにことごとく批判的であるが，とすると当然，それらに整合的であることも，批判の対象となる．

29)　UMG事件控訴裁判決は，Viacom事件控訴裁判決の判示に賛意を示したうえで，侵害行為の管理権・能力を有するといえるためには，サービス・プロバイダーは，ユーザーの行為に「実質的な影響」を及ぼさなければならず，「実質的な影響」には，ユーザーの行為に対する高いレベルの管理や，誘因のような意図的な行為が含まれる，と判示している．

ら，Y1 はリンク集サービスである Sideload.com より，前記のリンクを削除しただけで，ユーザーのロッカーからファイルの削除を行わなかった．

　Y1 がこのような対応に終始したのには理由があった．たとえば，最近の裁判例では，サービス・プロバイダーに積極的な監視義務を課さないとする，DMCA の基本原則をふまえ，侵害素材の特定は，それがサービス・プロバイダーのシステム上のどこに存在するかを具体的に特定する（典型的には，URL で特定する）ことまで求められると解されてきた[30]．この点，本件特定通知は，X の著作権を侵害しているウェブサイトへのリンクは特定していたが，いずれのユーザーが，そのウェブサイトからサイドロードを行ったかまでは特定していなかった．つまり，Y1 のシステム上のどこ（＝どのユーザーのロッカー）に侵害素材が存在するかを特定していなかった．そのため，Y1 としては，侵害素材を削除などする必要はないとしたわけである．

　これに対して本判決は，Y1 のサービスの特徴をふまえ，

　　Y1 は個々のユーザーのロッカーにサイドロードされた曲がどのウェブアドレスからのものかの記録を保持しているので，Y1 がユーザーのロッカー中の侵害楽曲の複製物を探知するに十分な情報を X の通知は提供している．

と述べたうえで，

　　Y1 は，通知の射程を狭く解しすぎである．Y1 の解釈によれば，X は，無許諾ウェブサイトからロッカーへ楽曲を複製したすべてのユーザーを特定することを要求される．もちろん，X はそのような負担を果たすことができない．なぜなら，煩わしいディスカバリーに取り組むこ

---

[30]　奥邨・前掲注27) 33 号 134 および 152 頁参照．

となく，そのようなユーザーを特定する方法がないからだ．ゆえに，本件は〔筆者注：侵害素材をURLで特定することを求めた〕Viacom事件とは区別しうる．同事件の場合，著作権者は，YouTubeから自分の著作物を自由に検索でき，かつ侵害素材を特定できるからだ．

と指摘して，Y1の主張を退けた．そのうえで，

Y1のようなサービス・プロバイダーが，ユーザーに対して，インターネット上にアップされている著作物を検索し，それを自身の個人アカウントに保管可能とする場合，Y1がDMCAの保護を得るためには，(1) 保管された著作物が元あったサイトとそのウェブアドレスを記録し，(2) 著作権者が，その他の点ではDMCAに準拠した通知によって，元あったサイトを特定するならば削除する，ことをしなければならない．

との判断を示し，本件特定通知で特定されたリンクからユーザーがサイドロードし，かつ，Y1が当該ユーザーのロッカーから削除しなかった楽曲について，前記③（d）を満たしていないので，Y1は，セーフハーバーによって保護されない，と結論づけた．

(5) 以上のような本判決の論理は，最近の裁判例が求めるものよりも一歩踏み込んだものであり，サービス・プロバイダーにとっては厳しいものとなる．ただ，本判決の論理は，Y1のサービスの機能と密接に結びついた「特異」なもの，と評価するなら，必ずしもタイプ②のロッカー・サービス一般には適用できないものとも考えられる．

　Y1のシステムは，サイドロード機能を有していたうえに，その記録を残していたため，各ユーザーが，どのサイトを訪れ，どのようなファイルをロッカーに保管したかを把握していた．そのため，記録をたどることで，ロ

ッカーから問題の楽曲を削除することが可能であった．しかしながら，一般的なタイプ②のロッカー・サービスの場合，ユーザーが侵害サイトを訪れたかどうか，そこから楽曲をダウンロードしたのかどうか，そしてロッカーに保管されている楽曲が前記ダウンロードしたものか，それとも別のソースからユーザーが入手したものかどうか，そのいずれについてもサービスの提供者としては知る術がない．結果，一般的なタイプ②のロッカー・サービスの提供者は，侵害素材をロッカーから削除しようにも，いずれのユーザーのロッカーのどのファイルを削除すべきか，権利者からの具体的な通知がなければ，見当もつかない．一方で権利者にしても，個々のユーザーのロッカーのなかに何が保管されているのかについて，知りうる余地はないから，サービス提供者に通知を行うことができない．つまり，本判決の論理は，サイドロード機能を有しかつそれを記録していたという，Y1のサービスの特異性ゆえに成立するものであり，一般的なタイプ②ロッカーの場合には，当てはまらない論理ということになる[31]．もっといえば，そもそも，DMCA準拠通知を発しえないから，前記③（d）の問題となりえない，ということになりそうである．

---

31)「Y1のようなサービス・プロバイダーが，ユーザーに対して，インターネット上にアップされている著作物を検索し，それを自身の個人アカウントに保管可能とする場合，Y1がDMCAの保護を得るためには，(1)保管された著作物が元あったサイトとそのウェブアドレスを記録し，(2)著作権者が，その他の点ではDMCAに準拠した通知によって，元あったサイトを特定するならば削除する，ことをしなければならない．」という説示は，「保管された著作物が元あったサイトとそのウェブアドレスを記録（する）」ことを義務づけているようにも読めるが，そのような積極的な行為をサービス・プロバイダーに義務づけるのは，DMCAのセーフハーバーの趣旨には合致しない．ただ，本文のように，一般的なタイプ②ロッカー・サービスの場合は，権利者はなんらの通知も出せず，また通知がこない以上サービス提供者も何もしないでもよい，という結論でよいのか，仮にそれでは問題ありとするならば，少なくとも，権利者が通知を発するための情報を収集できるような仕組み作りについて，なんらかの積極的な行為をサービス・プロバイダーに義務づける必要があるのではないか，という議論になろう．

(6) DMCA準拠通知を受け取っていないとしても，侵害素材や行為についての現実の認識（前記③ (c) (i)）や危険信号の認識（前記③ (c) (ii)）が存在する場合は，DMCA準拠通知を受け取ったとき同様に，侵害素材を迅速に削除などしないと，セーフハーバーによる保護を受けられない（前記③ (d)）．この点，ロッカー・サービスの提供業者には，もしかするとユーザーが無許諾で著作物をロッカーに複製するかもしれないという程度の一般的な認識はあるだろう．また，本件のように，インターネット上に公開されている音楽ファイルをサイドロード可能にしている場合，そのなかには，無許諾でネット上にアップロードされている音楽が含まれるであろうことは十分に想定可能であろう．

この点本判決は，最近の裁判例をふまえつつ，

> （現実の認識や危険信号の認識は）特定の個別のものについての特定かつ同定された侵害についての認識を述べたものであり，侵害が横行していることについて一般的に知っているだけでは，サービス・プロバイダーからセーフハーバーによる保護を奪うには不十分である．

と述べて，Y1には，現実の認識（前記③ (c) (i)）も危険信号の認識（前記③ (c) (ii)）も存在しなかったと判断した[32]．

sideload.comの存在も考慮すると，本件の場合は，一般的なタイプ②のロッカー・サービスの場合と比べて，侵害素材がロッカーに保管される可

---

32) Viacom事件控訴裁判決およびUMG事件控訴裁判決は，現実の認識と危険信号の認識の違いについて次のように説示する．すなわち，直接の認識とは，サービス・プロバイダーが特定の侵害を現実にまたは主観的に認識しているかどうかを問うものである．危険信号の認識も，特定の侵害に関する事実や状況自体について，サービス・プロバイダーが主観的に認識している必要がある点は異ならないが，当該事実や状況が，侵害行為を明白とするものであるかどうかは，同様の環境下において合理的な人間がそう捉えるかどうかという客観的基準で判断するものである．関連して本章末尾〔補遺〕参照．

能性をより想定しやすい状況にあったが，それでも直接の認識や危険信号の認識の存在を否定した以上，本判決によれば，特段の事情がないかぎり，一般的なタイプ②のロッカー・サービスの場合にこれらが認められる可能性は低いものと考えられよう．(この点〔補遺〕参照)

(7) ところで，タイプ④のロッカーの場合で，誰でもアクセスが可能な場合は，上記と話は異なってくる．その場合は，先述のように，電子掲示板や動画投稿共有サイトの場合と同様に考えることが可能である．すなわち，権利者は侵害素材の所在を特定することができ，URLレベルの特定をともなった通知を発することができるから，そのような通知(が，DMCAが求める他の要件すべてに準拠するかぎり，それ)を受け取ったサービス提供者は，ロッカーから問題の侵害素材を削除などしなければ，前記③(d)を満足していないことになり，セーフハーバーによる保護を失うことになる．

3.3.4 直接侵害・二次的侵害

(1) ロッカー・サービスのように，著作物の利用を可能とするサービスに関して著作権侵害責任が問題となる場合，わが国であれば，著作物の利用行為の主体が誰であるかを論じるのが通例といえよう．この点米国では，どうであろうか．米国でもかつて，電子掲示板に対するユーザーによる著作物の無断投稿が問題となった際に，電子掲示板運営者による直接侵害を認めるPlayboy事件判決(Playboy Enterprises, Inc. v. Frena, 839 F.Supp. 1552 (M.D. Fla. 1993))が登場して注目された．しかしながら，その後，Netcom事件判決(Religious Technology Center v. Netcom On-Line Communications Services, Inc., 907 F.Supp. 1361 (N.D.Cal. 1995))が，電子掲示板の運営者に関して，投稿を受けて自動的に複製するようなシステムをユーザーに使用させているだけでは，著作権の直接侵害を認めるための意図または因果関係(volition or causation)の要素に欠けるとして，運営

者の責任はむしろ二次的侵害で問われるべきとの判断を示し，その論理は，後続する裁判例で広く支持された．さらに，Cablevison 事件控訴裁判決 (Cartoon Network, LP v. CSC Holdings, Inc., 536 F.3d 121 (2d Cir. 2008)) は，リモート・デジタル録画サービスに関して，サービス提供者による複製権の直接侵害の成否を判断する際に，録画を可能とするシステムをユーザーに使用させているだけではなくて，複製行為に関する volitional conduct（意図ある行為）が必要である旨を説示し，かつ，サービス提供者の責任は本来二次的侵害によって判断されるべき旨も示唆した[33]．

もっとも，すでにみたように，サービス提供者が DMCA のセーフハーバーによって保護される場合は，サービス提供者に侵害が成立するか否かを論じる必要は実質なくなるから，それを論じる意味があるのは，サービス提供者が DMCA のセーフハーバーによって保護されない場合ということになる．事実，本判決も，Y1 が DMCA のセーフハーバーによって保護されない部分，具体的には，本件特定通知で特定されたリンクからサイドロードされたものの，Y1 がユーザーのロッカーから楽曲を削除しなかった

---

[33] なお，Cablevison 事件控訴裁判決の，直接侵害には volitional conduct が必要とする論理が，複製権の場合のみならず公の実演権の場合にも適用があるかについては議論があり，裁判例も分かれている．また，あくまでも控訴裁の判断であるので，他の巡回区への影響力は割り引いて考える必要がある．

さらに，訴え却下の申立てに対する決定であるが，たとえば注 16) で取り上げたように，MegaUpload 事件において，裁判所は，同社には volitional conduct があるだろうとして直接侵害に関する訴えを却下しなかった．MP3tunes 事件における訴え却下の申立てについても，同様の結論となっている (Capitol Records, Inc. v. Mp3tunes, LLC, 93 U.S.P.Q.2d (BNA) 1282 (S.D.N.Y. 2009))．一方で，タイプ④に該当するロッカー・サービスが問題となった Hotfile 事件における訴え却下の申立てに対して裁判所は，前記 MP3tunes 事件などは正しく判断されていないとしたうえで，サービス提供者は二次的侵害を問われるべきであるとし，直接侵害の訴えを却下している (Disney v. Hotfile Corp., 798 F. Supp. 2d 1303, (S.D. Fla. 2011))．

この点，Rasenberger and Pepe, supra note 23., at 643 - 644 は，ロッカー・サービスの提供者に直接侵害が認められるべきと主張する立場であるが，それでも現状ではそれが認められるのはかなり難しいとする．

点についてのみ，Y1に二次的侵害が成立するか否かを論じている．

以下，セーフハーバーの適用のない場合を考えよう．

(2) 本判決で，Y1に二次的侵害を認めるうえで基礎となる直接侵害は，インターネット上に無断でアップロードされた楽曲を，ユーザーが自身のロッカーにサイドロード，すなわち複製したことであった．

ユーザーによるサイドロードは，多くの場合，私的使用目的であろうから，わが国であれば，著作権法30条1項によって，私的使用目的の複製として適法になる余地がある[34]．しかしながら，米国著作権法には，そのような規定は存在しないから，一般的権利制限規定であるフェア・ユース規定（米国著作権法107条）に照らして，フェア・ユースか否か，すなわち適法か否かを判断することになる．この点，フェア・ユースは事例ごとの判断となるから，結果，私的使用目的の複製であっても，フェア・ユースとなる場合とならない場合があることになる[35]．

とはいえ，本判決の場合は，当事者が争点としなかったためであろうか，ユーザーによるサイドロードがフェア・ユースに当たるか否かは，一切検討されないままに，複製権侵害が認定されている．ただ，仮にフェア・ユースが争点となっていたとしても，無許諾でインターネットにアップロー

---

[34] もっとも，わが国著作権法30条1項には，1号から3号までの適用除外規定がある．このうち，とくに問題となりそうなのは，1号の「公衆の使用に供することを目的として設置されている自動複製機器……を用いて複製する」場合と，3号の「著作権を侵害する自動公衆送信……を受信して行うデジタル方式の録音又は録画を，その事実を知りながら行（っている）」場合，の2つであろう．すなわち，1号については，ロッカー自体が「公衆の使用に供することを目的として設置されている自動複製機器」に該当するのではないかという問題があり，3号については，無許諾でアップロードされている音楽であるという事実を知りながらサイドロードしたかどうか，という問題がある．

[35] 山本隆司編・山本隆司＝奥邨弘司『フェア・ユースの考え方』（太田出版・2010）［山本隆司担当］36〜41頁参照．

ドされているファイルを，みずから楽しむ目的で[36]サイドロードすることが，フェア・ユースに当たる可能性は低いといわざるをえない．

　まとめると，無許諾でインターネットにアップロードされている音楽ファイルを，みずから楽しむ目的でサイドロードしたユーザーは著作権（複製）侵害になるというのが，本判決の結論である．それを前提とするかぎり，もし訴えられたなら，ユーザーは複製権侵害の責任を負わなければならないことになる[37]．

(3) 本件では，二次的侵害の1つである寄与侵害責任が認められた[38]．二次的侵害の一種である寄与侵害が成立するためには，(i) 基礎となる直接侵害の認識と，(ii) 基礎となる直接侵害への実質的な寄与，の2つが満足されなければならないとするのは，もはや確立された判例といえる．

　この点，本判決は，Y1が本件特定通知を受領していることを理由に，Y1は基礎となる直接侵害を認識しているとし，また，基礎となる直接侵害行為のための場所や設備，すなわち本件の場合は，ロッカー・サービスのシステムを提供していることが，実質的な寄与に当たるとして，Y1に寄与侵害の成立を認めた．妥当な判断であったといえよう．

---

36)　もし，報道や研究のためというのであれば，また判断は変わってこよう．
37)　なお，二次的侵害責任を追及するために，基礎となる直接侵害者を特定することや，彼・彼女に対して訴訟を提起して侵害の判断を得る必要はない．山本隆司『アメリカ著作権法の基礎知識　第2版』（太田出版・2008）232頁参照．
38)　二次的侵害には，寄与侵害の他に，代位責任，侵害の誘因の2つがある．このうち，前者の代位責任については，基礎となる直接侵害行為を管理しそこから利益を得ている場合に認められるが，注29）でみたように，DMCAのセーフハーバーの適用を検討する際に「侵害行為の管理権・能力を有する」とされた場合は，直接侵害者の行為に実質的な影響を及ぼしているので，代位責任の管理要件が認められる可能性は高いといえ，問題は受益性要件だけとなる．侵害の誘因についても，注29）でみたように，侵害の誘因が認められる場合は，そもそもDMCAのセーフハーバーの適用が認められない可能性がある．

(4) では，一般的なタイプ②のロッカー・サービスの場合はどうなるだろう．一般的なタイプ②のロッカー・サービスの場合は，サイドロード機能は有していないため，ロッカーに保管されているコンテンツは，すべて，ユーザーの手元のコンテンツをアップロードしたものということになる．

　ユーザーの手元のコンテンツのなかには，インターネット上に無断でアップロードされているものをダウンロードすることで入手したものもあれば，ユーザーが適法に入手したものもあるだろう．前者について，それをロッカーに保管することは，本判決の論理によるかぎり，複製権侵害となる．一方，後者については，ロッカーへの保管が著作権侵害となるか否かは，フェア・ユースの成否による．この点，はっきりと論じた裁判例もないため成否を明言できないが，仮にフェア・ユースになるとすれば，ユーザーの行為は著作権侵害には当たらなくなる[39]．とすると，基礎となる直接侵害が存在しないから，ロッカー・サービスの提供者に二次的侵害も成立しないことになる．もっとも，ロッカーに保管されるコンテンツの実態は，前者か後者のいずれかではなくて，両者がミックスした状態であろう．その場合，話は複雑になってくる[40]．ただ，すでにみたように，一般的なタイプ②のロッカー・サービスの場合，DMCA のセーフハーバーによって保護される可能性が強く，その場合は，サービス提供者に二次的侵害が成立するか否かを論じる意味は薄れる．

　最後に，タイプ④のロッカー・サービスの場合はどうか．この場合，ユ

---

39) 少なくとも本判決では，ユーザーによるサイドロード以外のロッカーへの楽曲保管について，侵害となるか否かは争われていない．

40) たとえば，いわゆるソニー判決（Sony Corp. of America v. Universal Studios, Inc., 464 U.S. 417（1984））のルール，すなわち「実質的な非侵害用途」が存在する（本件でいえば，フェア・ユースに当たるような用途が，ロッカー・サービスの用途として実質的といえる）ならば寄与侵害の成立を否定する，という考え方が適用されるか否か（ちなみに，本判決は，ソニー・ルールは，サービス提供者とユーザーの間に継続的な関係が存在する場合は適用されないとする）を論じる必要が出てくる．

ーザーがコンテンツを第三者多数と共有するためにロッカーに保管することは，権利者の許諾がないかぎり，複製権の侵害となる．結果，ロッカー・サービスの提供者に寄与侵害責任が認められる可能性は高まる．ちょうど，Napster サービスの提供者のようなものと考えればよいだろう．

3.3.5 「公衆送信権」侵害

　米国著作権法には，わが国の「公衆送信権」に相当する権利は存在しない．もっともそれは，著作物の公衆送信が自由であるという意味ではない．たとえば，音楽著作物や視聴覚著作物に関していうと，ストリーミングで送信する場合は公の実演権の対象となり，送信先に複製物が作成されるような送信の場合（受信者からみればダウンロードする場合）は，頒布権の対象となる．

　本件の場合，ロッカーのファイルをストリーミング再生するだけでなく，ダウンロードすることも可能であったが，本判決では公の実演権侵害だけが問題となった．しかも，それは，ロッカー・サービスの提供者である Y1 による直接侵害についての争いであった．ユーザーによる，公の実演権や頒布権の直接侵害，またそれらを基礎とした，Y1 による二次的侵害には触れられていない．この点，判決に理由が明示されているわけではないため，忖度するに，結局，ストリーミングやダウンロードのための送信をユーザーが行ったのだと考えた場合，ユーザーは自分で自分に送信しているにすぎないから，公衆に対する実演や頒布を対象とする両権利の侵害とはならない，ということなのだろう．そして，（ユーザーによる）基礎となる直接侵害が存在しない以上，Y1 について，二次的侵害を論じる余地もないということになる．

　では，なぜ，ストリーミングについて Y1 による直接侵害が問題となったのか．それは Cablevision 事件控訴裁判決の影響といえるだろう[41]．

---

41) Cablevision 事件控訴裁判決については，奥邨弘司［判批］『SOFTIC LAW NEWS』117 号（ソフトウェア情報センター・2008）1 頁以降（会員誌），矢野敏樹

第3章　米国におけるクラウド・コンピューティングと著作権　　　　95

　Cablevision 事件では，テレビ番組をサーバー上に録画して視聴できるシステムをユーザーに使用させるサービスを提供することが，サービス提供者による著作権の直接侵害となるか否かが問題となった．

　ここで1つの疑問が生じよう．なぜ，サービス提供者の二次的侵害ではなくて直接侵害が問題となるのかである．じつは，Cablevision 事件においては，原告（テレビ番組の権利者）と被告（サービス提供者）の間で，二次的侵害責任については争点としない旨が取り決められていたため，サービス提供者の直接侵害が問題とされることになったのである．

　Cablevision 事件では，複製権侵害と公の実演権侵害が問題となったが，ここで関係するのは後者の公の実演権侵害についての判断部分である．すなわち，Cablevision 事件控訴裁判決は，サーバーに録画した番組を，ユーザーが再生指示した際に生じる，サーバーからユーザーへの送信が公の実演権を侵害するか否かに関して，仮に，サービス提供者が送信をしたと評価したとしても，それは公の実演には当たらないと結論づけた．なぜなら，個々の送信は，個々のユーザーが作成したユーザー専用の複製物から作成される送信であり，その送信の受け手は当該個々のユーザーであるため，各送信は1人にしか送信されていないといえるからである，との解釈を示したのだ[42]．

　本件において，X は，この Cablevision 事件控訴裁判決の論理を，反対解釈するかたちの主張を行った．すなわち，公衆に当たるような複数のユーザーに向けた送信が，1つのマスターファイルから作成されるとき，それは公の実演権侵害になる，という主張であった．というのも，Y1のシス

　　「判批」『パテント』62巻9号（日本弁理士会・2009）84頁以降および左貝裕希子「米国 Cablevision 判決と日米の著作権侵害責任に対する考え方」『InfoCom REVIEW』49号（情報通信総合研究所・2009）37頁以降参照．また，簡単なまとめとして，奥邨弘司［判批］『アメリカ法』（日米法学会・2011）2号601頁以降も参照．
　　42）　公の実演権のこのような解釈については批判も少なくない．たとえばRasenberger and Pepe, supra note 23., at 638-643.

テムでは，記録の効率性のために，CASと呼ばれる技術が採用され，複数のユーザーがまったく同じ内容のファイルをロッカーに保管しようとしたとき，仮想的には各ユーザーのロッカーにそれぞれが保管されるものの，物理的には1つのみサーバー上に保管されるという仕組みになっていたからである．このようなXの主張に対する本判決の判断は，CAS技術をデータ圧縮技術にすぎないとして，物理的な記録のあり方にまで踏み込まずに，いわば仮想的なレベルでの複製物（＝送信）と受信者たるユーザーの1対1関係を認めて，公の実演権侵害を否定するものであった．

　公の実演権侵害を否定した本判決の結論をどう評価するかは難しい．というのも，そもそものCablevision事件控訴裁判決の考え方自体をどう評価するかという問題がまずあり，仮にそれを是とするとしても，本判決のようにCAS技術を単なるデータ圧縮技術にすぎないと片付けてしまってよいものかという具合に，二重に問題が存在するからである．もっとも，この点も，ロッカー・サービスの提供者がサービス・プロバイダーとして，DMCAのセーフハーバーによって保護されるならば，あえて論じる実益はなくなる．したがって，本件の場合が特殊なのであって，通常のロッカー・サービスの場合，この問題を論じる必要性は低いということになろう．

3.4　まとめにかえて

　まとめると，まず，広義のロッカー・サービスは，理論上，大きく4つのタイプに分類することができる．このうち，タイプ①およびタイプ③に関する著作権法上の問題は，コンテンツの利用に関する適切なライセンス契約をサービス提供者が締結するか否かにかかってくる．
　一方，タイプ②およびタイプ④のロッカー・サービスに関しては，まずサービス提供者について，DMCAのセーフハーバーの適用があるかどうかが大きな問題となる．仮に，サービス提供者が，DMCAの求めるセーフハーバーを享受するために必要な要件と手続きをすべて満足するかぎりにお

いて，民事上の著作権侵害責任を問われることを懸念する必要はないということになる（もっとも，タイプ②とタイプ④のロッカーでは，状況は異なり，後者のサービス提供者に，セーフハーバーの適用が認められる可能性は，前者の場合と比べて小さいといえる）．ユーザーについては，適法に入手したコンテンツをタイプ②のロッカーに保管し，それがフェア・ユースに当たる場合などを除いて，ロッカーの使用は複製権侵害となりうる．

このように，米国の場合，DMCAのセーフハーバーが適用されると，ロッカー・サービスの提供者は，法的にかなり「優遇」された立場となる．もっともこれは，ロッカー・サービスの提供者にかぎった話ではなくて，動画投稿共有サイトの管理運営者なども同様の状況にあり，DMCAが規定するサービス・プロバイダーの定義に合致するネットワーク・サービスの提供者全般にいえることである．その意味では，DMCAのセーフハーバーの基本思想にかかわる問題ということなのだろう．

本章で取り上げた，MP3tunes事件判決は，少なくともタイプ②ロッカー・サービスの提供者には，DMCAのセーフハーバーが適用される可能性が高いことを示唆する．もっとも，本章では，地裁のわずか1件の判決を取り上げたにすぎない．たしかにそれは，最近の裁判例ともおおむね整合するが，今後支持されていくのか不明であり，どの程度依拠できるのかわからない．より確実なことをいうためには，さらなる裁判例の蓄積が必要だろう．クラウド事業者をはじめとするサービス・プロバイダーが，今後も「優遇」され続けるのかは，大いに注目されるところである．

〔補遺〕

脱稿後の2013年5月14日，ニューヨーク南部地区連邦地方裁判所は，Viacom事件控訴裁判決を踏まえてMP3tunes事件判決（以下，原判決）のreconsiderationを求めるXの申立てを認める決定（以下，見直決定）を行った．見直しは，特別のことである．

見直決定は，原判決が，DMCA準拠通知によって特定されているとはい

えない楽曲について，正式事実審理（トライアル）を省略して，DMCAのセーフハーバーの適用を認めた部分を取り消した．理由は，①Viacom事件控訴裁判決が，現実の認識は，willful blindness（故意の無知）によっても認められる余地があり，その判断には明白な事実認定が求められるとしたため，関係する証拠を，陪審の審理に委ねる必要があること，②同控訴裁判決が，危険信号の認識はDMCA準拠通知以外でも生じる旨を示唆した点を受けて，Xが前記通知以外の証拠を提出していると主張する以上，重要な事実に関する真正な争いが存在することになり，正式事実審理を省略して危険信号の認識の有無を判断できないこと，の2点である．

　見直決定は，本章で紹介した原判決の説示に関しては，上記①②の点でのみ変更するものであり，その結果，正式事実審理省略判決によるのは適切ではないとしたものである．タイプ②ロッカー・サービスの提供者などに，セーフハーバーが適用される余地がなくなった旨，示唆するものではない．ただ，適用のハードルは高くなったとはいえよう．まず，正式事実審理省略判決で決着がつかないことは，ロッカー・サービス提供者などにとって負担である．次に，故意の無知にしても，危険信号の認識にしても，サービス提供者には不利な方向を示している．もっとも，見直決定自身が指摘するように，上記①・②にあげたViacom事件控訴裁判決の考え方は，積極的監視義務を課さないとするDMCAの立場と抵触するようにも思われ，今後，大いに議論される余地があろう（なお，Viacom事件では前記控訴裁判決後の差戻地裁判決でも，セーフハーバーの適用が認められている．Viacom v. YouTube, 2013 U.S. Dist. LEXIS 56646 (S.D.N.Y. April 18, 2013))．

　いずれにしても，MP3tunes事件の成り行きを含め，DMCAのセーフハーバーに関する裁判例の動向に一層の注目が必要となったといえよう．

第4章　インターネット上の著作権侵害の事前的対応としてのスリーストライクルールの現状
諸外国におけるインターネットアクセス切断の動き[1]

張 睿暎

4.1　はじめに

4.1.1　インターネット上の著作権侵害に対する対応方式の変化

インターネット上の著作権侵害に対する著作権者の対応方法はさまざまである．たとえば，裁判所にインターネット・サービス・プロバイダー（Internet Service Provider，以下 ISP）に対する違法コンテンツの削除命令を申し立てることもでき，米国の通知後削除（notice & takedown，以下 N&TD）手続のような立法上の制度により ISP に侵害物の削除を要請することもできる．

一概に ISP といってもさまざまな種類があり，欧州においては，電子商取引指令（E-commerce Directive, 2000/31/EC，以下 ECD）で，①単なる導管（mere conduit，12条），②キャッシング（cashing，13条），③ホスティング（hosting，14条）の3種類に分類しており，米国においては，デジタルミレニアム著作権法（Digital Millennium Copyright Act of 1998，以下 DMCA）で，①通過的デジタルネットワーク通信（Transitory Digital Network Communications, 512 (a) 条），②システムキャッシング（System

---
[1] 本研究は文部科学省科学研究補助費（若手研究B課題番号23730844），公益信託マイクロソフト知的財産研究助成，財団法人放送文化基金研究助成の助成を受けたものである．

Caching, 512 (b) 条), ③ユーザーの指示による情報の蓄積 (Information Residing on Systems or Networks At Direction of Users, 512 (c) 条), ④情報検索ツール (Information Location Tools, 512 (d) 条) の4種類に分類している. 以下では, 便宜上①をアクセス・プロバイダー, ③をホスティング・プロバイダーとして説明する.

　ISPが著作権侵害の責任を免責されるための要件 (いわゆるセーフハーバー条項) として, 米国・欧州いずれにおいても, ホスティング・プロバイダー (上記③に該当) を前提に, 権利者からの侵害通知を受けてからの削除という事後的対応が求められている. 米国においては, DMCA 512条 (c) (1) に免責の要件が規定されており, その要件の1つとして, 侵害の通知に必要な事項, 通知を受けてからの対応, それに対する反証機会の提供などのN&TD手続が定められている. 欧州においては, ECD 14条 (1) に免責の要件が規定されているが, DMCA同様の規定ぶりではなく, 削除されたコンテンツの回復手続等, 権利侵害が生じた場合に被害者はいかなる方法でプロバイダーに通知を行うべきか, プロバイダーはその通知にいかに対応すべきかなどについては定められていない.

　しかし, 訴訟による侵害物の削除要請や立法上のN&TD手続による対応は, 侵害物が掲載されているホスティング・プロバイダーを対象とする事後的な対応であり, いったん公開されれば拡散が速く, その被害の範囲が広くなるようなオンライン侵害には十分に対応できない. さらに, 侵害の態様が多様化するにつれ, オンライン上の著作権侵害行為をより効果的に, かつ根本的に規制できる事前的な対応が必要であるという声が高まっていた.

4.1.2　ブロッキング技術導入の議論

　ブロッキング (blocking) とは, 特定の利用者やサイトからのアクセスや通信の中継を拒否することや, 特定の機能やポートを封鎖して利用できないようにすることをいう.

ブロッキングは，①コンテンツのブロッキングと②ユーザーのブロッキングに分けることができる．さらに，①コンテンツのブロッキングは，a) 個々のコンテンツのブロッキングと b) 侵害コンテンツが多数掲載されている侵害サイトのブロッキングに，②ユーザーのブロッキングは，a) ユーザーが侵害行為をした特定の侵害サイトへのアクセスのみ遮断する部分的ブロッキングと b) ユーザのインターネットへのアクセスを全面的に遮断するブロッキングに分けることができる．

①a) 個々のコンテンツのブロッキングに関しては，既存の立法上の N&TD 手続による削除で対応してきたが，侵害物が公開された後の削除だけでは十分な効果を得ることができず，事後的な対応の限界が現れていた．最近フィルタリング等の技術により侵害物の検索，ダウンロード，そしてアップロードまでを未然に防ぐ事前的対応も試みられている．

①b) 侵害コンテンツが掲載されているサイトのブロッキングは，違法コンテンツが掲載されているサイトにおいて当該侵害物が検索・ダウンロードされないようにするもので，主にダウンローダーを想定してホスティング・プロバイダーレベルで対応している．大規模で侵害が行われるサイトの場合には，アクセス・プロバイダーレベルでの事前的対応も考えられる．欧州においては，諸外国において，侵害サイトまたは侵害誘発サイトへのブロッキングを命じた事例がみられる[2]．

上記①は使用許諾を受けた著作物か，それとも許諾を得てない侵害物かという「コンテンツの性質」による判断であったが，反復的侵害者であるか否かという「ユーザーの性質」に注目して分類してみると，②a) ユーザーが特定サイトにおいて侵害を繰り返した場合に，当該サイト（サービス）へはアクセスをブロッキングするが，侵害サイト以外のインターネッ

---

[2] 欧州におけるウェブサイトへのアクセスブロッキングの裁判例に関しては，拙稿「ISP の責任制限に関する欧州の動向―アクセスブロッキングの動きを中心に―」高林龍＝三村量一＝竹中俊子編『年報／知的財産権法 2012』（日本評論社・2012）27～33 頁を参照されたい．

トはそのまま自由に利用できるようにするホスティング・プロバイダーレベルの対応と，② b) P2Pファイル共有サイト等を利用して反復的に著作権侵害をしたユーザーのすべてのインターネットアクセスを全面的に遮断するアクセス・プロバイダーレベルのブロッキングがある．

表4.1 アクセスブロッキングの分類

ブロッキングの対象	分類	対象ISPの種類	対応時期	運用例
①侵害コンテンツ	a) コンテンツ個々のブロッキング	ホスティング・プロバイダー	侵害物公開後の事後的対応	N&TD手続による通知後削除
	b) 侵害コンテンツが掲載されているウェブサイトのブロッキング	ホスティング・プロバイダー（＋アクセス・プロバイダー）	侵害物公開後の事後的対応＋以降の侵害サイトへのアクセスを防ぐ事前的対応	裁判所命令による侵害サイトのブロッキング
②反復的侵害ユーザー	a) ユーザーが侵害行為をした特定サイトへのアクセスのみブロッキング	ホスティング・プロバイダー	反復的侵害者が特定サイトで今後侵害行為をできないようにする事前的対応	スリーストライクルール（韓国型：主にアップローダー規制）
	b) ユーザーの自宅のインターネットアクセスを全面的にブロッキング	アクセス・プロバイダー	反復的侵害者の将来の侵害行為を防ぐ事前的対応	スリーストライクルール（フランス型：P2Pダウンローダー規制）

反復的に著作権を侵害するユーザーのインターネットアクセスをブロッキングすることで今後の侵害行為を未然に防止しようとするものであるため，「事前的対応」ともいえ，「スリーストライクルール（Three Strikes Rule）」[3]がその例としてあげられる．フランスのHADOPI法案（インター

---

3) 「スリーストライクルール」または「三振アウト制」とも呼ばれるこのような仕組みは，「侵害中止の警告を受けたにもかかわらず，インターネット上で著作権侵害を継続する者のインターネットアクセスを切断する制度」である．2回の警告を受けても侵害行為をやめない場合，3回目の侵害に対する措置として，侵害者のインターネットのアクセスを切断することで，「スリーストライクルール」と呼ばれるようになった．もともと「スリーストライクルール（Three Strikes Rule）」は1990年

ネットにおける著作物の頒布および保護を促進する法律）をきっかけに話題となった「スリーストライクルール」は，侵害中止の警告を重ねて受けてもなお著作権侵害行為を続ける者のインターネットアクセスを切断するというもので，諸外国においては，とくにＰ２Ｐファイル共有の撲滅の手段として議論されている．上記の②ａ）のようにユーザーが侵害を繰り返した特定サイトへのアクセスのみブロッキングするものとして，韓国で運用されているスリーストライクルール（ISPに対する行政命令によりユーザーの侵害サイトのアカウント停止）が，②ｂ）のように反復的な侵害ユーザー自宅のインターネットアクセスを全面的にブロッキングするものとして，フランスで運用されているスリーストライクルール（ユーザーに対する著作権侵害罪の付加刑として自宅のインターネットアクセス切断）があげられる．

とくにフランス型のスリーストライクルールは，反復的侵害者のインターネットアクセスそのものをブロッキングするものであるため，当該ユーザーの侵害サイト以外でのインターネット利用をも遮断することになりかねず，表現の自由，コミュニケーションや情報受信の自由などが過度に制限されるおそれがあることと，それらの措置にいたるまでのユーザーのプライバシー侵害や個人情報漏洩などが懸念され，導入の検討がはじまった当時から激しく議論されてきた．

本制度の導入に関する諸外国の動きはさまざまである．いわゆる「スリ

代に米国において州法として成立した「Three Strikes and You're Out law」を指す．当初は「死刑又は長期一年以上の刑の科せられる重罪の前科が２回以上ある者が３回目の有罪判決を受けた場合，その者は犯した罪の種類にかかわらず終身刑となる」という立法を意味した．その後，さまざまな分野で，「２回の警告を受けたにもかかわらず３回目に同じことをしたら処分する」という意味で広く使われるようになった．このような制度に対してはまだ用語が統一されておらず，「スリーストライクルール」，「三振アウト制」「三振ルール」，「インターネット接続切断」などとさまざまな用語でいわれ，近時は「段階的警告（graduated response）」とも呼ばれる．以下本章では「スリーストライクルール」とする．

ーストライクルール」は，国によってルールの内容も異なり，導入にいたるまでの議論や現状もさまざまである．フランス，ニュージーランド，英国，韓国，台湾，アイルランド，米国では，すでに立法化または制度の運用がはじまっており，他にも多くの国でその導入に関して賛否議論がされている．以下 4.2 節では，諸外国における動きを紹介する[4]．

4.2 諸外国におけるスリーストライクルールの現状

　フランス，ニュージーランド，英国，韓国，台湾，アイルランド，米国ではすでにスリーストライクルールを導入し運用しているか，導入が決まっているが，制度の形式や内容などはそれぞれである．各国におけるスリーストライクルールを，その形式や規制対象等で分類すると以下のようになる．
　①スリーストライクルールをどのような形式で決めているかによって，著作権法の改正または関連法の制定という立法型を採用する国々（フランス，ニュージーランド，英国，韓国，台湾）と，著作権者側と ISP 側の合意による自主規制またはビジネス提携型を採用する国々（アイルランド，米国）に分けることができる．
　②スリーストライクルールが規制する対象や方法によって分類すると，著作権を反復的に侵害するユーザーに対する刑罰として罰金およびインターネットアクセス切断の付加刑を賦課するユーザー刑罰型の国々（フランス，ニュージーランド，英国）と，ユーザーではなく ISP に対する行政命令によってユーザーの侵害行為を間接的に規制する ISP 行政規制型の国（韓国），ISP が反復的な侵害行為に対してユーザーとのサービス提供契約を打ち切ることができるとするインターネット提供契約解除型の国（台湾），そして，反復的な侵害行為に対してインターネットアクセスの制限や速度

---

[4] 本章における法案等の情報は，2013 年 3 月 1 日現在確認することができたものである．

第4章　インターネット上の著作権侵害の事前的対応としてのスリーストライクルールの現状　105

表4.2　反復的侵害ユーザーに対するアクセスブロッキングとしての「スリーストライクルール」の分類

該当国	①スリーストライクルールの形式	②規制の対象	③対象とするISPレベル
1. フランス 2. ニュージーランド 3. 英国	立法型	侵害ユーザー刑罰型	アクセス・プロバイダー
4. 韓国		ISP行政規制型	ホスティング・プロバイダー（特定侵害サイトのみ）
5. 台湾		インターネット提供契約解除型	アクセス・プロバイダー
6. アイルランド 7. 米国	ビジネス提携型（著作権者側とISP側の合意による自主規制型）	インターネット利用制限型	アクセス・プロバイダー
8. 議論のある欧州諸国			
(1) ドイツ (2) フィンランド (3) デンマーク	ユーザーのアクセス切断は否定（警告システム）		
(4) ノルウェー (5) スペイン	サイトブロッキング		

低減などの利用制限をかけるインターネット利用制限型の国々（アイルランド，米国）がある．

また③対象とするISPレベルによって，ホスティング・プロバイダーレベルで反復的侵害行為のあった特定サイトのみへのアクセスを停止する国（韓国）と，アクセス・プロバイダーレベルでユーザーのすべてのアクセスを制限する国々（フランス，アイルランド，ニュージーランド，英国，米国）がある．

その他，ドイツ，フィンランド，デンマーク，ノルウェー，スペインなど欧州諸国でスリーストライクルールの導入に関する賛否議論がされてい

るが，近時は，フランスのような「侵害ユーザーのアクセス全面切断」というよりは，教育的目的の警告システムや一部の侵害サイトのみのブロッキングという方向へのその議論が転換しているようにみえる．以下，**表4.2**の順序にしたがって，各国におけるスリーストライクルールの現状を紹介する．

4.2.1　フランス

　フランスでは2009年5月13日，インターネット上の不法複製およびファイル共有に積極対処するための「インターネットにおける著作物の頒布および保護を促進する法律」，通称HADOPI 1法案が成立した[5]．しかし，インターネット回線による公衆への伝達サービスへの自由なアクセスの制限は，1789年のフランス人権宣言により保護される表現の自由を制限するものであり，このような国民の基本的自由の制限にかかわる権限を司法機関でないHADOPIに付すことはできないとして，2009年6月10日フランス憲法院は本法案に対して一部違憲決定を下した[6]．

　政府は修正案として，インターネットアクセス切断に関する決定を裁判所の権限とする「インターネットにおける著作権の刑事上の保護に関する法案」，通称HADOPI 2法案を議会に提出し，本法案は2009年9月に可決された．HADOPI 2法案も憲法院で再度審議されたが，2009年10月22日フランス憲法院はHADOPI 2法案は合憲であると判断した[7]．

　HADOPI 2法[8]によると，①インターネットで音楽や映画を違法にダウ

---

5)　詳しい経緯に関しては月刊『コピライト』2009年7月号（著作権情報センター・2009）52頁を参照．HADOPIは，「インターネットにおける作品普及と権利保護のための高等機関(Haute Autorité pour la Diffusion des Œuvres et la Protection des droits sur Internet)」の略である．
6)　Conseil Constitutionnel Décision n°2009-580 DC du 10 juin 2009
7)　Conseil Constitutionnel Décision n°2009-590 DC du 22 octobre 2009
8)　LOI n°2009-1311 du 28 octobre 2009 relative à la protection pénale de la propriété littéraire et artistique sur internet.（Version consolidée au 30 octobre

ンロード（L.336-3 条の義務違反）したユーザーに対して，当該義務違反およびそれにともなう制裁に関する 1 次警告メールを送付する．②同ユーザーが 6 カ月以内に再び違反した場合，1 次警告と同一内容の 2 次警告メールおよび発送日証明書面を送付する（L.331-25 条）．③2 次警告から 1 年以内に該当ユーザーに該当行為が刑事訴訟になることを書面で知らせる．著作権法違反で有罪になる者には，簡易裁判手続により，最高 1 年のインターネットアクセスの切断を付加刑として科すことができる．この期間中ユーザーは，すべての事業者と同様のサービス契約を締結することも禁止される（L.335-7-1 条）．

　侵害の有無，警告の送付およびアクセス切断の可否は裁判官によって決定される．現在 HADOPI 内の権利保護委員会（La Commission de protection des droits）において，3 名の裁判官からなるパネルとそれを補佐する 12 名の委員が，著作権者からの侵害通知を審査し，2 カ月以内に警告の発送可否を判断している（L.331-21-1 条，L.331-17 条）．ユーザーはすべての段階において意見表明をすることができ，HADOPI は警告メールを受け取ったユーザーのための相談窓口も設けている[9]．

　HADOPI 2 法は 2010 年 1 月 1 日から施行されたが，制度運用のための仕組みが整わず，実際に警告メールが発送されたのは同年 10 月 1 日になってからである．著作権者団体が HADOPI へ送る侵害通知は 1 日 50000 件を超えるといわれたが，権利保護委員会の審査を経て HADOPI が ISP に送る警告は 1 日 2000 件ほどにとどまっているという．

　HADOPI が 2010 年 10 月 25 日から 11 月 4 日にかけて実施した調査によると，インターネットユーザーの半数以上が違法ダウンロードをし，その 29％ は最近 6 カ月で違法ダウンロードをはじめたと返答している．2012 年 1 月に公表された IFPI（International Federation of the phonographic

---

2009）
9)　HADOPI 公式ウェブサイト〔hadopi.fr〕

Industry）の「デジタル音楽報告書 2012」[10]では，フランスのスリースト
ライクルールは「成功的」であると評価されており，iTunes での音楽購入
も 22.5％増加し，フランス市場で 1380 万ユーロの追加収入があったとして
いる．

　2012 年 10 月に公開された HADOPI の年次報告書[11]によると，2011 年 7
月 1 日から 2012 年 6 月 30 日までの 1 年間の権利保護委員会（CPD）の活
動により，権利者からの侵害通知は 19,897,445 件，身元確認要請が 2,636,990
件，確認された IP アドレスが 2,081,971 件，第 1 段階警告状送付が 682,525
件，第 2 段階が 82,256 件，第 3 段階が 340 件であった．

　しかし，第 3 段階の警告状を受領した者のうち告訴されたのは 14 名にと
どまり，罰金刑に処せられたのはわずか 1 名にすぎない．実際にダウンロ
ードしたのは本人ではなく家族であったが，HADOPI は，実際にダウンロ
ードしていなくてもインターネットアクセスの名義者であれば，責任があ
るとしていた．裁判所は，インターネットアクセスを適切に管理しなかっ
たことを理由に 150 ユーロの罰金を科したが，インターネットアクセスの
切断命令はしていない[12]．

　HADOPI の 2013 年度予算は，2012 年度予算 1030 万ユーロから約 2 割
削減の 800 万ユーロ（当時約 8 億 6000 万円）となった．2011 年の予算は
1140 万ユーロ[13]であったので 2 年連続減少していることになる．高額の費
用を要するわりに，違法ダウンロードに対して当初期待された成果を上げ

---

10) IFPI Digital Music Report 2012 p.20〔Available at www.ifpi.org/content/library/DMR2012.pdf Last visited 2013.3.1.〕

11) "HADOPI Rapport annuel 2011-2012" p.55〔Available at http://www.hadopi.fr/sites/default/files/page/pdf/Rapport_activite2012Hadopi.pdf Last visited 2013.3.1.〕

12) "Belfortain poursuivi pour téléchargement illégal : 150 € d'amende" (13/09/2012)〔Available at http://www.lepays.fr/faits-divers/2012/09/13/belfort-un-quadragenaire-poursuivi-pour-telechargement-illegal-hadopi-mp3-lepuix Last visited 2013.3.1...〕

13) "ANNEXE AU PROJET DE LOI DE FINANCES POUR 2013 - RAPPORT

ることができず，HADOPIの費用対効果はフランス国内でも批判されていた．HADOPIでは，諸経費を削減することでの予算減に対処する一方，その活動領域を現在の音楽だけでなく，映画やゲーム[14]，そしてストリーミングやダイレクト・ダウンロードサイトにまで拡大する[15]予定であるとしていた．しかし，2013年5月に公表された文化通信省長官の報告書[16]に，スリーストライクルールの罰金の減額やHADOPIの廃止を提案する内容が盛り込まれるなど，スリーストライクルールの存廃に関する議論が続くと思われる．

4.2.2　ニュージーランド

2008年4月8日成立した「著作権（新技術）改正法（The Copyright (New Technologies) Amendment Act)」は，ISPの責任制限に関連して92Aから92Eまでを新設し，92A条でいわゆる「スリーストライクルール」を規定していた．しかし，この規定に対する批判が高まり，何度かの修正案を経て，2010年2月23日，「著作権（違法ファイル共有）修正案（Copyright (Infringing File Sharing) Amendment Bill)」が提出された．

SUR LES AUTORITÉS PUBLIQUES INDÉPENDANTES" p.71〔Available at http://www.performance-publique.budget.gouv.fr/farandole/2013/pap/pdf/Jaune2013_API.pdf Last visited 2013.3.1.〕

14)　"Les jeux vidéo bientôt concernés par la Hadopi?" (24.10.2012)〔Available at http://www.lepoint.fr/jeux-video/les-jeux-video-bientot-concernes-par-la-hadopi-24-10-2012-1520364_485.php Last visited 2013.3.1.〕

15)　"Rapport sur les moyens de lutte contre le streaminget le téléchargement direct illicites Mission confiée à Mireille Imbert - Quaretta, Présidente de la Commission de Protection des Droits de l'Hadopi", par Marie-Françoise Marais, Présidente de l'Hadopi (Paris, le 15 février 2013)〔Available at http://www.hadopi.fr/sites/default/files/page/pdf/Rapport_streaming_2013.pdf Last visited 2013.3.1.〕

16)　Rapport de la Mission « Acte II de l'exception culturelle » : Contribution aux politiques culturelles à l'ère numérique (Tome 1)〔Available at http://culturecommunication.gouv.fr/content/download/67145/514833/file/Rapport %20 Lescure%20498.pdf Last visited 2013.6.1.〕

本修正案[17]は,「違法ファイル共有者に事前に十分な警告をし,違法ファイル共有に関して公衆を教育し,著作権者に効果的な権利行使手段を提供する」ことを目的としている.

　2011年4月14日に 本改正法(Infringing File Sharing Amendment Act)が成立し9月1日から施行された[18].その内容は,①権利者の警告をISPが侵害者へ転送し,②侵害探知・警告・執行の3段階警告を経て,③3回目の警告後,著作権審判所の決定により最高15,000NZドルまでの罰金を科するものである.法案には,著作権審判所が6カ月までのインターネットアクセスの切断を命令できるという内容が含まれているが,警告と罰金では効果がないことが明らかになるまでアクセス切断措置は留保されることになっている.

　2011年9月1日の法施行後,わずかにP2Pトラフィックが減ったという調査結果[19]があるが,じつは法施行からしばらくの間は,どのISPも侵害通知を受け取っていない.侵害通知のためには著作権者が1件につき25NZドルの手数料を支払わなければならないからである[20].そして法施行後2カ月になる11月1日に大手ISPらはRIANZ(Recording Industry Association of New Zealand)からの最初の侵害通知を受け取ることにな

---

17) Copyright (Infringing File Sharing) Amendment Bill (Government Bill 119-1)
18) 公式ウェブサイト〔3strikes.net.nz〕
19) "New Zealand saw a slight dip in P2P traffic within a week of implementing three-strikes measures in late 2011" (September 09, 2011) 〔Available at http://www.billboard.com/biz/articles/news/1170262/business-matters-three-strikes-law-having-little-effect-on-p2p-traffic-in Last visited 2013.3.1.〕
20) これに対して,映画製作者などは,権利者が支払う手数料を下げるために政府に圧力をかけ,手数料のレビューもされた."Studios want cut to 'three strikes' law fees" (22 March 2012) 〔Available at http://www.stuff.co.nz/technology/digital-living/6615426/Studios-want-cut-to-three-strikes-law-fees Last visited 2013.3.1…〕;"New Zealand seeks feedback on three strikes fees" (02 April 2012) 〔Available at http://www.managingip.com/Article/3005433/Managing-Copyright-Archive/New-Zealand-seeks-feedback-on-three-strikes-fees.html Last visited 2013.3.1.〕

った[21]．

　法施行13カ月後，ニュージーランドで初めてスリーストライクルールによりファイル共有者が著作権審判所に行くことになったが，本ケースはRIANZにより取り下げられている[22]．

　そして2013年1月29日，著作権審判所がスリーストライクルールによる初めての罰金刑を決定した[23]．RIANZが提起していた12件のなかの1件で書類審査のものである．当該ユーザーは2011年11月に1回目の警告，2012年6月に2回目の警告，2012年7月に3回目の警告を受けた．しかし当該ユーザーは最初のダウンロードは認めたが，それ以降は本人ではないと主張していた．著作権審判所はP2Pソフトウェアを使用することは「故意的行動」であると指摘し，616.57NZドルの罰金を科した．翌月には，557.17NZドルの罰金を科した第二の事例[24]および797.17NZドルの罰金を科した第三の事例[25]が公表されている．こちらは違法に楽曲をアップロードしたことによるものであるが，アカウント名義者はいったん曲がコンピ

---

21) "First copyright infringement notices issued"（01/11/2011）〔Available at http://www.stuff.co.nz/technology/digital-living/5887377/First-copyright-infringement-notices-issued Last visited 2013.3.1.〕

22) "Kiwi three strikes piracy case collapses".（19th October 2012）〔Available at http://www.theregister.co.uk/2012/10/19/kiwi_three_strikes_piracy_case_collapses Last visited 2013.3.1.〕

23) 決定文はここから入手できる．Recording Industry Association of New Zealand Inc v. Enforcement Number: Telecom NZ 2592 [2013] NZ COP 1（29 January 2013）．〔Available at http://www.nbr.co.nz/sites/default/files/images/2013%20NZCOP%201%20-%20RAINZ%20v%20Teleom%20NZ%202592_1.pdf Last visited 2013.3.1.〕

24) 決定文はここから入手できる．Recording Industry Association of New Zealand Inc v. TCLE [A]-T5877102 [2013] NZ COP 2（5 February 2013）．〔Available at http://www.nbr.co.nz/sites/default/files/images/2013%20NZCOP%202%20-%20RIANZ%20v%20TCLEA-T5877102.pdf Last visited 2013.3.1.〕

25) 決定文はここから入手できる．Recording Industry Association of New Zealand Inc v. CAL2012-E000614 [2013] NZ COP 3（19 February 2013）．〔Available at http://www.lojo.co.nz/downloads/0478220001361502126.pdf Last visited 2013.3.1.〕

ュータにダウンロードされれば，他のユーザーのリクエストによりコンピュータ内の曲が自動的にアップロードされるというＰ２Ｐサービスの仕組みに対する明確な理解がなかったようである．

　上記3つの決定をみるかぎり，ニュージーランドの著作権審判所における判断のプロセスは以下のようである．①著作権侵害が存在するか，侵害があったならばその侵害はアカウント名義者のIPアドレス上で起こったものであるか．アカウント名義者が各々の侵害を争わないかぎり，審判所はRIANZの主張どおりの侵害が存在するとみなす．②罰金額の算定においては，楽曲の合理的な価格や審判所への申請費用を合算し，それで足りないとすれば，将来のファイル共有をやめさせるためのインセンティブをもたせるための適切な金額はいくらであるかを判断するように思われる．そしてその際には，侵害の故意性，侵害が楽曲の市場に及ぼしうる影響，罰金合計が将来の侵害行動を抑止するために十分な額であるかを考慮していると思われる．

4.2.3　英国

　2010年4月8日に成立した「デジタル経済法（Digital Economy Act）」[26] には，権利者からの侵害通知をISPが侵害ユーザーに送付し，裁判所の判断を経て，反復的侵害者のアクセススピードの減速，アクセス停止をISPに命令できるというスリーストライクルールが盛り込まれている．しかし，侵害者に対するアクセススピードの減速およびアクセス停止は，警告のみでは効果がないことが明らかになるまで留保されることになった．

　本法上のスリーストライクルールに対しては大手ISPの反対があり，2010年7月8日，British TelecomおよびTalkTalkは，①法案成立における手続き上の瑕疵，②ISPのビジネスおよび利用者の立場，③ユーザーのプライバシーに関するEU法制との整合性を理由に，デジタル経済法の合

---

26)　Digital Economy Act 2010, 2010 CHAPTER 24（8th April 2010）

憲性について高等法院に司法審査を要請していた．

　2011年4月20日，高等法院は，「デジタル経済法は現行法制に比べ，より効果的で対象が絞られた公正なシステム」であり，「IPアドレスから収集されるデータは個人情報に該当するが，著作権侵害行為を是正するために権利者が侵害ユーザーを特定する目的でデータを利用することは容認される」とし，「違反ユーザーに対する警告書の送付にかかる費用に関しては，ISPが25％，著作権者が75％を負担するべき」であるとし，費用負担の点を除き，British TelecomとTalkTalkの請求をすべて却下した．同年6月21日に司法審査への上告も棄却されている．

　一方，英国文化メディアスポーツ省（DCMS）は情報通信庁（Ofcom）に，デジタル経済法の17節および18節の有効性に関するレビューを依頼した．2011年8月に公開された報告書[27]によると，「セクション17および18はブロックされるべきサイトの一覧作成に効果的で適切か，そのようなサイト・ブロッキングはどれくらい有効か，迂回するのはどれくらい容易か，そのような迂回を防止するためにISPが採用しうる手段にはどのようなものがあるか，ウェブサイトの特定部分のみをブロッキングするのは可能であるか」という質問に対して，Ofcomは「インターネットサイトのブロッキングを目的とする技術は迂回しやすく，たとえばDPI（deep packet inspection）のような，もっとも効果のあるブロッキング技術は費用がかかり導入が容易でない」とレビューしている．一方，英国ではNewzbin2事件[28]およびThe Pirate Bay事件[29]において，アクセス・プロ

---

[27]　"Site Blocking" to reduce online copyright infringement - A review of sections 17 and 18 of the Digital Economy Act (Published 03|08|11 - Contains redactions made by the Department for Culture, Media and Sport)〔Available at http://stakeholders.ofcom.org.uk/binaries/internet/site-blocking.pdf Last visited 2013.3.1.〕

[28]　Twentieth Century Fox Film Corp & Others v. British Telecommunications PLC [2011] EWHC 1981（Ch）(28 July 2011)

[29]　BPI v. ISPs, British High Court（2012.4.20.）"Pirate Bay must be blocked,

バイダーに侵害サイトへのアクセス・ブロッキングを命じている．

　2012年6月26日にはOfcomがデジタル経済法の施行細則案[30]を公表した．2010年5月発表の案と基本骨格はおおむね同じであるが，著作権侵害に使われた回線の加入者にISPが通知を送付する際には，回線を著作権侵害から安全に保つための手順および合法的なコンテンツ入手先を知らせることが義務づけられる．また著作権者にも，ユーザーの認識向上のためのキャンペーンへの投資や，合法的にコンテンツを購入できる魅力的なオンライン・サービスを提供することが期待される．Ofcomは本案を欧州委員会でもレビューし，2014年にはユーザーへの初通知を送付できると見込んでいるが，費用負担問題で議論が絶えないなど，実施までには遠い道のりになりそうである．

4.2.4　韓国

　韓国では2009年の著作権法改正でいわゆるスリーストライクルールを導入した．改正著作権法[31]は，複製伝送者に対する警告および不法複製物の削除または伝送中断命令（133条の2第1項），反復的な不法複製伝送者に対するアカウント停止命令（133条の2第2項），不法複製物が流通している掲示板のサービス停止命令（133条の2第4項），そして不法複製物に対する是正勧告（133条の3）を新設した[32]．

High Court tells ISPs"〔Available at http://www.telegraph.co.uk/technology/news/9236667/Pirate-Bay-must-be-blocked-High-Court-tells-ISPs.html Last visited 2013.3.1.〕

30）Online Infringement of Copyright and the Digital Economy Act 2010 - Notice of Ofcom's proposal to make by order a code for regulating the initial obligations Consultation（published 26|06|2012）〔Available at http://stakeholders.ofcom.org.uk/binaries/consultations/online-notice/summary/notice.pdf Last visited 2013.3.1.〕

31）法律第9785号（4月22日公布・7月23日施行）．法改正にともない，関連施行令も改正し，同日から施行している．

32）法および施行令の仮訳は，拙稿「諸外国のインターネット接続切断の動き」

侵害の有無，警告およびアカウント停止の判断は，文化体育観光部長官が委嘱する専門家で構成される韓国著作権委員会（KCC）が審議する．①著作権者からの権利侵害の申立て，もしくは長官の職権により著作権侵害を探知した場合，長官は該当内容が著作権侵害であるか否かの審議を委員会に要請する．②委員会が侵害であると判断したものに関して長官は，侵害ユーザーもしくは侵害掲示板（サービス）に警告を発送することをオンラインサービス提供者（OSP）に命令できる．③3回の警告後[33]にも侵害行為が続く場合には，長官はOSPに対して侵害ユーザーのアカウント停止および侵害掲示板のサービス停止を命令できる．停止期間は1回目で1カ月，2回目は3カ月，3回目は6カ月までである．

　133条の2第1，2，4項はOSPに対する行政命令であり，必ず該当OSPに意見提出の機会を付与しなければならない．OSPが本命令に応じない場合は1000万ウォン[34]以下の過料（142条2項3号）に科される．

　また韓国著作権委員会は，長官の要請がなくても，著作権者からの侵害通知等をもとに侵害を探知し，審議後に是正勧告（133条の3）を出すことができる．これはOSPに自律的に措置できる機会を付与するためもので法的強制力はないが，OSPが是正勧告に応じない場合に委員会は長官に各種命令を要請できるため，実質的には強制力があるといえるだろう[35]．

　アカウント停止命令に対しては立法当時，ユーザーの人権を侵害するのではないかというフランス同様の批判があった．文化体育観光部は，①特定ウェブサイトにおける侵害者のアカウントを対象としており，eメール

『季刊 企業と法創造』通巻22号（早稲田大学企業法制と法創造総合研究所・2010）170～172頁を参照．

33）　4回目の侵害でアカウント停止，掲示板サービス停止になるので，厳密にいえば韓国の制度はスリーストライクルールというよりは「フォーストライクルール」である．

34）　2013年2月現在1ウォン（KRW）＝約0.08円（JPY）．

35）　実際に著作権委員会の是正勧告に対するOSPの勧告履行率は99％にも上るといわれている．

や検索サービス等はそのまま使用できるという点で，侵害者のインターネットアクセスを全面的に切断するフランスのHADOPI法とはその対象範囲が異なること，②停止期間は最長6カ月以内で，最長1年とするHADOPI法より短いこと，③停止期間中にもインターネット料金を納付する義務，フィルタリングソフトの設置，アクセス切断者リストの作成・管理，停止期間中は侵害者の名義で他インターネットサービスも利用不可という制限がないことをあげて，制裁に「相当性」があり，憲法違反ではないと説明している．

　掲示板サービス停止命令も，その対象を「商業的利益を追求または利用の便宜を提供する掲示板」に限定しており，著作権侵害物が掲載されているとしても，ウェブサイト全体を停止するのではなく，該当する下位ウェブページのみがその対象になるため，過度な制裁ではないとしている．

　このように，韓国のスリーストライクルールは，ユーザーのインターネットアクセスそのものを切断するフランス型と違い，侵害ユーザーを特定侵害サイトのみブロッキングするため，結果的にはサイト・ブロッキングに類似する形になる．

　P2Pファイル共有対策として個人のダウンローダーを規制しようとするフランスでは，ユーザー個人に対する刑罰としてインターネットアクセスそのものの切断を試みているが，ウェブサイト基盤のオンラインストレージサービスであるウェブハード（ロッカー・サービス）における営利目的の組織的なファイル共有の規制に集中している韓国では，まずは常習的アップローダーに対象を絞って，特定ウェブサイトにおける一部のサービスのみを遮断する方式を採っている．

　今までの制度運用で，私的使用レベルの個人ダウンローダーのアカウントが停止されたり，個人のブログが停止された例はないといわれ，立法当時よりは制度に対する批判が減ったようである．

　韓国では法施行と同時に是正勧告および1次警告が出されていて，2010年11月9日文化体育観光部により公表された措置結果によると，2010年

3月1日から9月30日の間の集中取締による長官命令は，1次警告121件，2次警告153件，3次警告193件となっており，アカウント停止は11名である．この11名は複数のアカウントを用いて平均200個以上の著作権侵害物をアップロードした常習犯であるという．

また，韓国著作権委員会の是正勧告（2009.7.23.～2010.9.30）では，警告32,217件，削除・転送中断31,236件，アカウント停止56件となっている．措置件数をみてもわかるように，長官命令よりは，まずは著作権委員会の勧告による是正を図っているといえる．

同委員会が2012年1月18日に発表した違法複製物の審議・是正勧告の現状においては，2011年に203のOSP（ロッカー・サービス177社，P2P12社，ポータル等14社）に対して107,724件（警告54,504件，削除・伝送中断53,106件，アカウント停止114件）の是正勧告をしたという．これは2010年の85,085件（警告42,794件，削除・伝送中断42,200件，アカウント停止91件）に比べ26.6％増加したもので，審議資料の収集・分析など審議システムの改善を通じて，是正勧告の執行力が高まったためであると委員会は分析している．

是正勧告は99.7％が履行され，勧告を不履行した4つのロッカー・サービス事業者に対しては，著作権委員会が文化体育観光部長官に是正命令を要請した．ISPから1次通知を受け取った70％のユーザーは侵害を中止し，残りのユーザーの70％も，2回目の通知で侵害を中止しているという．しかし，2013年3月に公表された国家人権委員の「情報人権報告書」において，スリーストライクルールのほか情報文化の享受を制限するおそれのある現行法上の制度に対して，規制影響評価を実施し再検討することを勧告していて，落ち着いていた制度の正当性に関する議論が再点火する模様である．

4.2.5 台湾

台湾では2009年の改正著作権法（4月20日成立・5月13日施行）で，

ISP の責任制限として通知後削除（N&TD）の原則を定めている．90 条の 4 第 2 項で「ユーザーによる 3 回の権利侵害を見つけた場合，ISP はユーザーのアクセス切断またはアカウント削除など，全部または一部のサービスを中止する権利がある」という内容を ISP の定型化契約に盛り込む必要があると規定したことで，いわゆる「スリーストライクルール」を導入したといわれた．しかし規定はいくぶん曖昧で，全部または一部のサービスを実際に切断しなくても，定型化契約によりユーザーに告知するだけで責任制限になるとも読める．

2009 年 9 月 TIPO（Taiwan Intellectual Property Office）が発表した施行規則にも，通知後削除に関する手続のみが規定されており，スリーストライクルールに関する内容はみあたらない．TIPO は，権利行使は著作権者および ISP の判断によることになり，本政策を実施するための行政・司法機関はないとしている．

一方，2010 年 12 月の時点で，MPAA（Motion Picture Association of America）と台湾最大の ISP 中華電信との間でスリーストライクルールの導入について話し合いが進んでいるという情報もあったが，その後の動きはないようである．

4.2.6 アイルランド

アイルランドにおいては，立法によるものではなく，著作権者と ISP の間の協定によるスリーストライクルールが運用されている．2007 年 3 月に IRMA（Irish Recorded Music Association）とメジャーレコード 4 社はアイルランドの大手 ISP である eircom を加入者のファイル共有による著作権侵害を理由に提訴したが，eircom がスリーストライクルールを導入することで 2009 年 1 月和解した．これはレコード業界と eircom の間の協定であり，他の ISP には適用されないことになっていた．

レコード業界は他の大手 ISP である UPC に対しても同様の訴訟を提起していたが，2010 年 10 月 11 日，アイルランド高等法院は「現アイルラン

ド法では，ISP にインターネット・アクセス・ブロッキングを強いることはできない」と判断した[36]．情報社会指令 8 条（3）により差止めによる救済は可能であるが，アイルランド著作権法 40 条（4）には，「侵害物の除去」のみ規定され，侵害の停止や予防という文言がないからである．

　この UPC 判決により，レコード業界と eircom の和解によるスリーストライクルールも中断されるのではないかと観測された．しかし 2010 年 12 月 8 日，eircom は新たな音楽配信サービスの開始にともない，「UPC 判決にもかかわらず，レコード業界との合意どおりにファイル共有者に対してスリーストライクルールを続けて適用していく」と発表[37]している．

　eircom のプロトコルによると，① IRMA から送られた著作権侵害 IP アドレスにリンクしているユーザーのブロードバンドアカウントに侵害通知を送付し，当該行為は違法であり，ブロードバンドサービス約款の違反であることを知らせ，②再侵害の場合には，侵害行為が中断されない場合はブロードバンドアカウントが停止される旨を警告する．③ IRMA から 3 度目の侵害通知をうけた ISP は，ユーザーに 7 日間のブロードバンド一時停止を通知し，④その後も音楽ファイル共有が続く場合は，最大 12 カ月のアクセス切断をする，ということになっている．

　2010 年 6 月からトライアル運用されたこのプロトコルにより，開始 1 カ月でおよそ 800 人の eircom ユーザーが 1 次警告を受け，12 月の時点で eircom が送付する警告は週 1000 通にも及んでいるというが，3 回警告を受けてアクセスが切断された事例は公表されていない．

　ところで 2011 年 1 月，アイルランドデータ保護局は，eircom が運用中のスリーストライクルールによる侵害中止の警告を受け取った加入者から

---

36) "Irish court rejects music industry demands for three strikes". (20 October, 2010)〔Available at http://www.edri.org/edrigram/number8.20/irish-trial-3-strikes-upc Last visited 2013.3.1.〕

37) eircom Statement on Illegal File Sharing (08 Dec 2010).〔Available at http://pressroom.eircom.net/press_releases/article/eircom_Statement_on_Illegal_File_Sharing/ Last visited 2013.3.1.〕

のクレームに対する調査として，eircom に立ち入り調査を通告した．当該加入者は違法ダウンロードをしていないにもかかわらず侵害通知を受けたと主張していた．eircom は内部調査の結果，「重大ではない技術的問題」により当該加入者を含む 390 人の加入者に誤通知されたが，当該問題はすでに修正され，通知を受け取った加入者らにも事情を説明したと報告した．

　同年 9 月には，当該加入者がクレームを修正し，eircom が自身のインターネット使用を監視することは，データを保護される権利を侵害されると主張したことに関連して，データ保護局は「レコード会社との合意により，そのエージェントしてeircom が著作権侵害をモニタリングすることは，ユーザーがそのようなモニタリングに同意しないかぎり許容されない」とした．

　2011 年 12 月 5 日，データ保護局は eircom に，スリーストライクルール運用に関するレコード業界との合意が，データ保護法制（Data Protection Acts of 1988, 2003, European Privacy and Electronic Communications Regulations of 2011）に違反する可能性があるとして，60 日以内にデータ保護法制に沿うように必要なすべての措置をとることを命ずる執行通知を発した[38]．eircom はこれに抗議し，レコード 4 社はデータ保護局の執行通知に対して司法審査を要請している．

　2012 年 3 月，eircom は他の ISP もスリーストライクルールを導入すべきであると言及[39]している．同時期にアイルランドでは，著作権者は侵害施設（facilities）を提供する者に対する差止めを裁判所に請求でき，その手段は「公正で相当であり，不要に複雑または費用がかかるものでなく，人

---

38) "Four music firms dispute data chief's notice to Eircom". (March 1, 2012) 〔Available at http://www.irishtimes.com/newspaper/ireland/2012/0301/1224312581524.html Last visited 2013.3.1.〕

39) "Ireland's Largest ISP Wants Country-Wide Three-Strikes Piracy Response". (26 March 2012)〔Available at http://paidcontent.org/2012/03/26/419-irelands-largest-isp-wants-country-wide-three-strikes-piracy-response Last visited 2013.3.1.〕

権保護に留意するもの」であるべきとする著作権法改正案が議論されはじめている[40].

4.2.7 米国

2009年に米国映画協会（MPAA）が米議会に対して，スリーストライクルールおよび違法コンテンツのフィルタリング制の導入を懇願する書簡を出して以来，著作権社団体で制度導入へと働きかけてきたが，国内外の批判の影響もあり，立法にまではいたっていない．

米国ではウェブサイトのドメインネームサーバー（DNS）を差し押さえる方法も試みられていて，2010年11月には，裁判所の判断を経て著作権および商標権侵害物が流通しているウェブサイトのドメインネームを差し押さえられるという「オンラインにおける権利侵害および偽造防止法（COICA）[41]」が米上院司法委員会において全会一致で通過したものの，第111回議会で通過せず法の成立にはいたらなかった．2011年には経済的創造性へのオンラインの脅威および知的財産窃盗防止法（PIPA）[42]およびオンライン著作権侵害防止法（SOPA）[43]が提案されたものの，2012年1月のオンライン上の大々的反対運動により見送りになっている．

一方，2011年7月には，数年にわたる交渉の結果，AT&T，Comcast，Verizonを含むアクセス・プロバイダー（一部はケーブルテレビも所有）とメディア・エンターテインメント業界が連携することに合意した．「シッ

---

[40] アイルランド雇用・企業・革新省プレスリリース（2012年2月29日）"Copyright S.I. signed and consultation process launched on copyright and innovation - Minister Sherlock".〔Available at http://www.djei.ie/press/2012/20120229c.htm Last visited 2013.3.1.〕

[41] S. 3804:Combating Online Infringement and Counterfeits Act（111th Congress 2009-2010）

[42] S. 968（112th）: Preventing Real Online Threats to Economic Creativity and Theft of Intellectual Property Act of 2011

[43] H.R.3261 - Stop Online Piracy Act（Introduced in House - IH）

クスストライクルール（six strikes rule）」とも呼ばれるこの著作権警告システム（Copyright Alert System：CAS）は，反復的著作権侵害者に対して，軽減手段（mitigation measures）を適用するというものである．

その内容として，①1回目の侵害に対しては「該当アカウントがオンラインコンテンツ窃盗に誤用された可能性がある」という警告メールが送付され，②2回目の侵害に対してはオンラインファイル共有の違法性に関する教育的メッセージを含む警告メールが送付される．③3～5回目の侵害に対しては警告受信を確認するポップアップ警告が現れ，④それ以降は，一時的インターネット速度の減少，ISPにコンタクトして問題を相談するまで，または著作権に関する教育的情報を復習し返答するまで，ランディングページへ自動的に移動されるなどの手段がとられる．

このいわゆる「シックスストライクルール」の導入に対しては，米国のISPが初めてファイル共有への抑止策を打ち出したという評価がある一方，諸外国に比べ遅かったという声もある．2013年に入ってから，AT&TやVerizon等の軽減手段の詳細がリークされており，2月下旬には米国著作権情報センター（Center for Copyright Information）が，著作権侵害に対する警告システム（CAS）を開始すると公表[44]しており，制度運用開始の目前であると思われる．ただし「シックスストライクルール」と呼ばれるものの，ユーザーのアクセスの完全な切断ではないことは前述したとおりである．

4.2.8　スリーストライクルールの導入に対する欧州各国の議論
(1)　ドイツ

ドイツでは2009年に新連立政権が，著作権を侵害したと疑われるユーザーのインターネットアクセスを切断することを可能にする法案に反対する

---

44)　"American style three-strikes goes live". (26 February 2013) 〔Available at http://www.thecmuwebsite.com/article/american-style-three-strikes-goes-live/ Last visited 2013.3.1.〕

声明を発表している．2011年には，アクセス・プロバイダーに対するブロッキングを，効果がなく費用がかかるうえ，ドイツ基本法10条の通信の秘密の保護に抵触するという理由で退けた事例（EMI v. HanseNet, District court of Köln, 2011. 8. 31）も出ていて，おおむねスリーストライクルールの導入には反対であると思われた．

しかし，2012年2月，ドイツ経済技術省（BMWi）が諸外国のスリーストライクルールの比較研究報告書[45]を公開しており，そのなかで，「ツーストライク（two strikes）」もしくは「訴訟前（pre-litigation）措置」モデルの導入を提案している．研究報告書によると，このモデルは「教育的通知（educational notifications）」と「著作権者への情報公開」の組み合わせによるもので，経済技術省長官は，オンライン著作権侵害に関するさらなる議論の土台となる貴重な研究であると述べている．ただし，インターネットアクセスの完全な切断は本研究報告では勧められていないので，フランス型のスリーストライクルールが考慮されているものではないといえる．

(2) フィンランド

フィンランドでは2010年7月，世界で初めてブロードバンドインターネットアクセスを国民の法的権利として保障[46]した．その記者会見で通信省大臣が，「違法ファイル共有者に対して通知は行うが，アクセスを切断することは考えていない」という見解を表明している．

同年10月には違法ファイル共有抑制法案が公表されたが，いわゆるスリ

---

45) "Vergleichende Studie über Modelle zur Versendung von Warnhinweisen durch Internet-Zugangsanbieter an Nutzer bei Urheberrechtsverletzungen (im Auftrag des Bundesministeriums für Wirtschaft und Technologie I C 4-02 08 15-29/11)". (Januar 2012) 〔Available at http://www.bmwi.de/BMWi/Redaktion/PDF/Publikationen/Technologie-und-Innovation/warnhinweise-lang,property=pdf,bereich=bmwi,sprache=de,rwb=true.pdf Last visited 2013.3.1.〕

46) "Finland makes broadband a 'legal right'". (1 July 2010) 〔Available at http://www.bbc.co.uk/news/10461048 Last visited 2013.3.1.〕

ーストライクルールは盛り込まれず，アクセス・ブロッキングではなく，通知後削除（N&TD）方式で警告を行うことになった．

(3) デンマーク

　デンマークでは 2010 年 10 月，政府がスリーストライクルールを推進していると報じられたが，文化省は「スリーストライクルールを導入することは考えていない」と否定した．

　2012 年 6 月には文化省が，インターネットアクセスを切断するスリーストライクルールの導入を見送ることを決定している．同省は 7 月 20 日付の記者会見で，オンライン上でコンテンツを適法かつ簡便に利用するための諸施策を発表している．このなかには創作側とコンテンツ提供側の両者間での対話を促進させる「技術革新フォーラム」の設置が含まれている．また文化省は，インターネットアクセス・プロバイダー，権利者および消費者団体との協力の下で，音楽・映画・電子書籍等のコンテンツを適法に利用するための意識向上キャンペーンも実施する予定であるという[47]．

(4) ノルウェー

　ノルウェーでは 2008 年に，消費者のプライバシーや適正手続の保障など基本権を侵害するおそれがあるとして，消費者委員会がスリーストライクルールに反対する立場を示しているが，近時はサイトブロッキングが考慮されているようである．2011 年 5 月，ノルウェー文科省は違法ファイル共有の取り締まりを強化するための著作権法改正案を提案した．同年 9 月に公表された法案[48]をみると，著作権者が IP アドレスから侵害者の個人情報

---

47) 月刊『コピライト』2012 年 12 月号（著作権情報センター・2012）29 頁。

48) Proposed amendments to the Copyright Act (Informal translation by the Norwegian Ministry of Culture: September 2011)〔Available at http://www.eftasurv.int/media/notification-of-dtr/Draft-amendments-to-copyright-act--2011-9012-N.pdf Last visited 2013.3.1.〕

を容易に特定できる仕組みと，大規模で著作権侵害が行われているウェブサイトへのアクセス・ブロッキングの可能性がうかがえる．フランスのようなユーザー個人のインターネットアクセスの切断というより，サイト・ブロッキングを考慮していると思われる．本案はまだ成立していないが，2013 年にノルウェー政府が新たな海賊版撲滅案を提示するといわれており，その議論が注目される．

(5) スペイン

スペインでは，インターネット上の著作権侵害行為のほとんどがウェブサイト基盤で行われているといわれ，ユーザーのインターネットアクセスの切断ではなく，侵害サイトの取り締まりに焦点を当てている．「持続可能な経済法（La Ley 2/2011, de 4 de marzo, de Economía Sostenible（LES））」の一部である「Sinde 法（Ley Sinde）」では，ユーザーは対象とせず，プロバイダーを対象とするサイト・ブロッキングを検討している．本法は 2011 年 12 月 30 日に議会を通過したとされるが，その後の経済危機等の影響のためか，詳細な運用状況は不明である．

(6) EU

欧州では，他にもベルギーやイタリアなど 8 カ国で The Pirate Bay など違法サイトへのアクセス・ブロッキングの裁判所命令があった．しかし，2011 年 11 月 24 日の Scarlet v. SABAM 判決で欧州司法裁判所（CJEU）が，侵害の予防的措置として，ISP がすべてのユーザーに対して無差別，無期限にモニタリングすることを強制することを禁じていると判断[49]して

---

49) Scarlet Extended SA v. SABAM（Court of Justice of the European Union, 2011.11.24 Case C-70/10）；2007 年ベルギーの著作権者団体 SABAM（Société Belge des Auteurs, Compositeurs et Editeurs）は，同国の ISP である Tiscali 社（後に Scarlet に社名変更）に対し，P2P ファイル共有のトラフィックのブロッキングを求めた（SABAM v. S.A.TISCALI (SCARLET), District Court of Brussels, No.04/8975/A, Decision of 29 June 2007）．本件はブリュッセル控訴裁判所によって欧州司

以来，反復的侵害者のアクセス切断のためのモニタリングは欧州法に違反すると解釈されている．そのため，フランスをはじめとしてスリーストライクルールを運用している欧州各国での対応が注目される．

　EU 諸国の立場が異なるなか，欧州レベルの対応も注目される．欧州議会は 2010 年 9 月 22 日に，知的財産権の執行に関するガロ報告書[50]を採択した．本報告書は，2004 年の知的所有権執行指令（エンフォースメント指令）[51]への評価と見直しを欧州委員会に求め，インターネット上の知的財産侵害に対して欧州レベルで強力な対策を講ずるべきと主張しており，欧州議会が本報告書を採択したことで，EU レベルでスリーストライクルールが採用されるのではないかと懸念されていた．しかし報告書を作成したガロ氏は，「レポートに具体的な法制度の提案は含まれず，フランスの HADOPI システムの導入を意図するものではない」としていた．2012 年 9 月 11 日には欧州議会において，ISP のフィルタリング，ブロッキングシステム導入に関する義務などの内容が懸念されていた Cavada 報告書[52]の採択可否に関する投票が行われたが，最終投票で該当部分は退けられている[53]．

　また，ACTA（Anti-Counterfeiting Trade Agreement：模倣品・海賊版

法裁判所に移送され（La cour d'appel de Bruxelles, 9ème chambre, 2007/AR/2424 (28.1.2010))，欧州司法裁判所で判断されることになった．
50)　月刊『コピライト』2010 年 12 月号（著作権情報センター・2012）36 頁参照
51)　Intellectual Property Rights Enforcement Directive (IPRED) (2004/48/EC)
52)　Report on the online distribution of audiovisual works in the European Union (2011/2313 (INI)) Committee on Culture and Education, Rapporteur: Jean-Marie Cavada (25.07.2012)〔Available at http://www.europarl.europa.eu/sides/getDoc.do?type=REPORT&reference=A7-2012-0262&language=EN Last visited 2013.3.1.〕
53)　Online distribution of audiovisual works in the EU (Texts adopted Tuesday, 11 September 2012 – Strasbourg)〔Available at http://www.europarl.europa.eu/sides/getDoc.do?type=TA&reference=P7-TA-2012-0324&language=EN&ring=A7-2012-0262 Last visited 2013.3.1.〕

拡散防止条約）に関しても，2010年3月のバージョンで，「反復的侵害者のネットワークやプロバイダーのシステムのアカウントや加入権を切断するポリシー」という文言があることで，加盟国にスリーストライクルールが義務付けられるのではないかという懸念があった．欧州委員会は2012年2月に，ACTAが欧州法上の表現の自由，情報の自由など基本的人権に矛盾するか否かについて欧州司法裁判所の判断を求めている[54]．

近時の欧州司法裁判所の判断（C-70/10 Scarlet/SABAM）でみられるように，ISPにモニタリング，フィルタリング，アクセス・ブロッキングなど技術的手段をとることを奨励することは，プライバシー，情報の自由，事業遂行の自由などの基本権に反することになり，今後欧州においても議論され続けることになるだろう．

以下では，諸外国におけるスリーストライクルールの運用において現れた問題点および導入の議論で提起された懸念をまとめ，今後の課題を考える．

4.3 スリーストライク法制の導入と運用において現れた問題点および今後の課題

4.3.1 スリーストライクルール導入の議論における争点

(1) ユーザー側

権利者から許諾を受けたか否かを確認して侵害の有無を判断すればいいコンテンツのブロッキングと異なり[55]，ユーザーのブロッキングにおいては，「反復的侵害者」であるか否かを判断するために，必然的に最初の侵害

---

54) "ACTA: MEPs want clarity before taking a decision"〔Available at http://www.europarl.europa.eu/news/en/pressroom/content/20120227IPR39340/html/ACTA-MEPs-want-clarity-before-taking-a-decision；Last visited 2013.3.1.〕

55) もちろんコンテンツ・ブロッキングにおいても，ブロッキングすべきコンテンツの判断基準や判断主体が問題となるが，コンテンツIDシステムや権利者のモニタリングによる判断がある程度可能である．しかし権利者の恣意的判断により，著作物の引用やフェアユースなどの適法な利用までも侵害として認識されるおそれが

以降の侵害を累積管理し，反復的侵害者を特定しなければならない．そのため，特定IPアドレスなどユーザーのインターネット利用をモニタリングすることにより，ユーザーのプライバシーが侵害されるおそれがあると懸念されている．

　侵害警告およびアクセス切断における適切な手続をどう保障するか，ユーザーの表現の自由をどう担保するかも懸念されている．とくに表現の自由に関連して，2011年5月のUN人権報告書（A/HRC/17/27）[56]は，近時のコンテンツ・ブロッキングやフィルタリング技術の導入が，民主主義における表現の自由を保障する義務を侵害すると懸念している．児童ポルノ，ヘイトスピーチ，名誉毀損，ジェノサイドを指示／大衆を煽動するもの，その他差別（国籍，人種，宗教），敵対，暴力関連のものは，立法によって制限可能だと思われる．しかし，ユーザーのインターネットアクセスを切断する根拠が著作権侵害である場合，とくに一部コンテンツ制限ではなく，インターネットへのアクセスを完全に切断することに対して報告書は深い懸念を表明しながら，フランスと英国のスリーストライクルールを今後も注視すべきであると述べている[57]．

(2) ISP 側

　ISP側としては，侵害の探知・侵害者の特定・警告の発送などに必要な費用をどう負担するかが大きな問題である．フランスや韓国では政府主導

あり，著作物の適法な利用が萎縮される可能性が依然残る．関連して拙稿「ノーティスアンドテイクダウン手続きと著作権者の注意義務——ユーザ製作コンテンツ（UGC）に関する韓米の判例比較を通じて」『季刊企業と法創造』通巻28号（早稲田大学・2011）181-189頁を参照されたい．

56) Frank La Rue, "Report of the Special Rapporteur on the promotion and protection of the right to freedom of opinion and expression（A/HRC/17/27）"16 may 2011.〔Available at http://daccess-dds-ny.un.org/doc/UNDOC/GEN/G11/132/01/PDF/G1113201.pdf URL last visited 2013-02-10〕

57) *Id*. at 14

(HADOPI および韓国著作権委員会) の下で，ISP には侵害通知に対する対応を自己負担で行ってもらっている．ニュージーランドでは権利者が侵害通知をするためには1件につき25ドルの手数料を支払わなければならないとして，権利者と ISP の間で費用を分担しているといえる．英国でも権利者と ISP の間で費用を分担すべきという議論がされており，デジタル経済法に対する高等法院の意見のなかで，侵害警告送付にかかる費用に関しては，ISP が25％，著作権者が75％を負担するように提案している．

またデジタルコンテンツ流通のプラットフォームとしての ISP が，音楽や映画などのコンテンツ・プロバイダーとしての著作権者側とビジネス的に連携することでその費用をまかなうことも考えられる．実際にビジネス提携型をとっているアイルランドの eircom は，UPC 判決によりスリーストライクルールを維持する義務がないと思われたにもかかわらず著作権者側との合意によるスリーストライクルールを維持しており，他 ISP にはない豊富な楽曲カタログの購読型音楽配信サービスを提供することで，多くのユーザーを確保している．

(3) 政府側

政府側としては，オンライン上の著作権侵害に対する政策と立法の方向性という大きな問題を抱えることになる．フランスや韓国のように，自国の文化コンテンツ産業を保護するために国として積極的に関与すべきであるか，もしそうであればスリーストライクルールのような強力な手段を導入すべきか，導入するとすれば行政型をとるか司法型をとるか，国民の権利を制限しうる判断主体としての政府機関や裁判所の業務負担問題をどう解決するか，国際条約等との整合性はどう保つかなどが問題となる．

とくに，立法型ではなく権利者と ISP の間の合意によるスリーストライクルールの場合，司法や独立機関の判断を介せず権利者や ISP の恣意的判断によりユーザーのインターネットがブロッキングされるおそれがある．表現の自由を制限するためには，①明確な立法により，②他人の権利，国

家の安全，社会秩序等を守るためであること，③制限の必要性があり，その目的達成のための最小限の制限であることが求められるが，ビジネス連携による自主規制の場合にはこれら要件の担保が難しく，ユーザーの表現の自由をどう保障するかが問題になる．スリーストライクルールの導入においては，ある程度政府が介入する必要性があるのかもしれない．

4.3.2 スリーストライクルールの運用上現れた問題

　さらに，実際に制度を運用することになるとしても，解決すべき問題は多い．すでに制度が運用されている国々でみられる問題点はさまざまであるが，もっとも問題となるのがユーザーの個人情報漏洩やプライバシー侵害，そもそも論としての制度の実効性などである．

(1) 個人情報およびプライバシー問題

　スリーストライクルールを運用している各国において，著作権を侵害したとされる個人の情報が権利者の侵害通知によりただちに権利者に渡ることはなく，個人情報保護の問題は一見クリアしているようにみえる．欧州法制においても著作権者がISPに対して，訴訟のために著作権侵害者の個人情報開示を要求できるとする法律はデータ保護およびプライバシー法制に沿うものとしている[58]．

　しかしISPが反復的侵害者を管理するためには必然的に最初の侵害以降

---

[58] スウェーデンでは2009年4月1日から知的財産権執行法（IPRED）が施行されているが，著作権者がISPに対して，訴訟のために著作権侵害者の個人情報開示を要求できるとする本法が，EUのデータ保護法制に違反する可能性があるとして，スウェーデンの控訴裁判所が欧州司法裁判所の見解を求めていた．2012年4月，欧州司法裁判所は，スウェーデンのIPRED法は，データ保護およびプライバシー法制に沿うものであり，著作権者の権利とインターネットユーザーのプライバシーの間の合理的なバランスを保つものであると判断した．（JUDGMENT OF THE COURT (Third Chamber) 19 April 2012, in Case C-461/10〔Available at http://curia.europa.eu/juris/document/document.jsf?text=&docid=121743 Last visited 2013.3.1.〕）

に当該 IP アドレスの利用状況を一定範囲で確認し保管しなければならず，プライバシーや通信の秘密を侵害するという懸念は依然残ると思われる．

また，アイルランドの eircom 事例でもみられるように，侵害通知ソフトウェアの誤作動による誤通知や，それにともなう加入者情報の漏洩も懸念される．侵害していないのに ISP から侵害通知を受け取ることによるユーザーのインターネット利用の萎縮も考えられる．

(2) 制度の実効性問題

スリーストライクルールはその迂回の容易さも指摘されている．フランスのように自宅のインターネット回線のアクセスを切断するとしても，当該ユーザーは携帯電話のモバイルインターネットを利用することもでき，自宅外のネットカフェを利用することも，もしくは公衆無線 LAN を利用することもできる．スリーストライクルールは自宅でのインターネット使用を前提としているが，職場や学校[59]において反復的に著作権を侵害した場合にはどう対応するかも問題となる．

インターネット回線名義者と著作権侵害者が同一でない場合，インターネット回線の名義者であるだけで責任を負うことになるおそれもある．フランスやニュージーランドで罰金刑を受けたユーザーの場合，実際違法ダウンロードをした張本人ではなかったにもかかわらず，回線の料金請求書の名義者であったため警告を受けていた．もしインターネット回線やアカウントを盗用された場合にどう処理するかも課題である．インターネット

---

[59] 米国で 2010 年 7 月 1 日に施行された高等教育機会法（Higher Education Opportunity Act, pub.L.110-315）により，大学は学生の違法ダウンロードや P2P ファイル共有に対する取り組みが求められる．学内のコンピュータシステムを利用して著作権を侵害した学生に対しては「段階的措置（graduated series of sanctions）」により学内コンピュータの利用が制限される．

回線の名義者であるだけで責任を負わせることは酷であり[60]，回線が盗用された場合に，少なくとも名義者に釈明の機会を与えるなどの措置が必要であろう．

　またニュージーランドにおける著作権審判所の3件の決定からもわかるように，罰金の妥当性やその算定基準も問題になる．著作権侵害に対する通常の損害賠償との違いは何か，懲罰的損害賠償制度のない国において将来の侵害行為を抑制させるための罰金は問題ないか，罰金の算定において著作物の合理的な価格とは何か，侵害行為が楽曲の市場に及ぼしうる影響はどう測るかなど，明確な基準なくスリーストライクルールによる罰金を運用する場合，ユーザーに不利に作用する可能性もある．

4.3.3　結びにかえて――スリーストライクルールの今後

　インターネット上の著作権侵害問題の解決策として，スリーストライクルールという手段を選択し，実際の運用にいたるまでには越えるべきハードルが多い．スリーストライクルールを導入するか否かを議論する際には，各当事者の立場を十分考慮して慎重に事前研究を行うべきである．

　また，議論の結果スリーストライクルールを導入することになったとし

---

[60]　これに関してはフィンランドの事例が参考になるだろう．フィンランドの著作権情報・侵害行為対策センター（Copyright Information and Anti-Piracy Centre in Finland:CIAPC）は，2010年7月14日に開催された数百名が参加する夏の演劇祭会場で，無線LANアクセスポイント経由で12分間にわたりファイル共有による著作権侵害行為が行われたとして，このアクセスポイントの所有者に対して，約6000ユーロ（約60万円）の支払いを求める訴訟を起こしていた．原告は，被告自身がファイル共有に関与していたという証拠を示していない．裁判所は，パスワードにより保護されない無線LAN接続を提供することが侵害行為に該当するか否かについて，国内法のほかEU法の電子商取引指令（2000/31/EC），情報社会指令（2001/29/EC）および執行指令（2004/48/EC）の解釈を用いて，第三者による侵害について無線LANアクセスポイントの所有者は，責任を負わないと判断している．フィンランドでは，セキュリティ機能のない無線LANの利用は2005年に違法とされたが，2010年に再度適法としている．（『コピライト』2012年10月号（著作権情報センター・2012）50頁）

ても，制度をどのように構成するかが大きな課題として残る．Ｐ２Ｐ取り締まりに集中するか／ウェブサイト上の侵害に限定するか，ダウンローダーを含むか／ヘビーアップローダーに限定するか，個人ユーザーのアクセス切断か／あるいはウェブサイトのブロッキングか，ホスティング・プロバイダーレベルで限定するか／アクセス・プロバイダーまで含むか，制度は立法で決めるか／それとも権利者と ISP 間のビジネス提携にするか，立法型であれば，侵害ユーザーの刑罰型にするか／ ISP の行政規制型にするか，かかる費用は政府・著作権者・ISP でどのように分担するかなど，さまざまな要素によって制度の中身が変わるだけに，制度構想の際には，国内の現状を把握し，明確な目標を設定したうえでの検討が要求されるだろう．

　しかし何より重要なのは，スリーストライクルールはユーザーのインターネットアクセスを全面的に切断する目的で利用されてはならないということである．UN 人権報告書（A/HRC/17/27）や欧州司法裁判所の SABAM 判決（C-70/10）の影響もあり，ユーザーのインターネットアクセスの全面的な切断への抵抗はますます強くなると思われる．そのため，まずは教育的な警告で著作権侵害行為の中止を促す方法が考えられる．そして，それでも侵害行為が続く場合には，公正な審査および反論の機会を提供した後に，反復的な侵害行為を行った特定サイトのみへのアクセスを一部制限するなどの部分的な制限が考えられるだろう．

　さらに著作権者は，著作権侵害を取り締まろうとするだけでなく，合法的な経路でコンテンツを容易に購入できる基盤を提供するべきである．スリーストライクルールのみで違法ダウンロードが減ることを期待するよりは，合理的な価格で容易にコンテンツにアクセスして合法的に利用できる機会を提供するインフラ助成というビジネス的な観点が必要である[61]．著

61）　すでに iTunes Store や Spotify など合法的で便利なコンテンツ購入・購読サービスが登場し定着している．韓国ではスリーストライクルール（侵害行為を行ったサイトのアカウント停止）の施行と並行して，合法的なコンテンツ購入を容易にする仕組みが各社ではじまっている．たとえば韓国の検索ポータルである Naver で

作物がグローバルに流通する時代に外国では当該コンテンツを入手できるのに自国では入手できない場合や，合法的な経路ではコンテンツ購入が面倒で高価な場合に，ファイル共有サービスを利用して違法ダウンロードをしようという誘惑は大きくなる．どこでもいつでも合理的な価格で容易に著作物コンテンツを入手できるような環境づくりが，著作権侵害対策としてのスリーストライクルール導入の議論と同時になされるべきである．

　ファイル共有などインターネット上の著作権侵害に対する事前的な対応として台頭したスリーストライクルールに関しては，現在同制度を運用している国々の状況，そして諸外国における導入是非の議論に今後も注目しながら，同時に円滑なコンテンツ流通の奨励とも関連付けて研究されるべきであろう．

は，「N store」にて各種デジタル・コンテンツを 100 円〜500 円の手ごろな価格でのダウンロード販売および月額自由利用など提供している．クレジットカードや携帯電話などさまざまな決済手段を用意しており，コンテンツは同一アカウントであればどのデバイスからもアクセスできる．（N store ウェブサイト〔http://nstore.naver.com〕）

第 5 章　諸外国におけるオープンデータ政策と著作権

生貝直人 [1]

5.1　はじめに

　近年になり，オープンデータと呼ばれる概念に対して世界各国で高い関心が向けられている．オープンデータとは，政府機関等公共セクターや民間企業等が保有する幅広い情報を，再利用がしやすいかたちでインターネット上に公開することで，企業や個人がサービスの開発やビジネスへの活用を行い，新たな社会的・経済的価値を生み出していくための一連の取り組みであるということができる．オープンデータのなかでもとくにその利活用の拡大に対する期待を集めているのが，政府機関や地方自治体等が保有する，「公共セクター情報（Public Sector Information：PSI）」である．公共セクター情報は，その経済的観点からみた量や質の側面はもとより，公開と再利用を促すことによって，政府活動の透明性を高め，民主主義の発展に資するという側面も重視されている．

　世界各国をみれば，ティム・バーナーズ・リーの提唱により世界各国で

---

[1] 本章の執筆にあたっては，渡辺智暁氏をはじめクリエイティブ・コモンズ・ジャパンの関係者から多くの有益な情報と助言をいただいた．なお本章に含まれる諸外国の取り組みにかかわる記述の一部は，拙稿「オープンガバメントと著作権――欧米の取組と日本への示唆」西田亮介＝塚越健司編著『「統治」を創造する　新しい公共／オープンガバメント／リーク社会』第 7 章所収（春秋社・2011）をもとにしている．

進められるいわゆるオープンガバメントへの取り組みのなかで，公共セクター情報を一括で提供する統合ポータルサイト Data.gov の構築や，データ形式の標準化，そして公益に資するサービスやアプリケーションの開発を促すなど，多様なオープンデータ政策が進められてきている．わが国においてもオープンデータの促進に向けた政策的関心は急速に高まっており，2012年7月には高度情報通信ネットワーク社会推進戦略本部（IT 戦略本部）において「電子行政オープンデータ戦略」が策定され，政府活動の「透明性の向上・信頼性の向上」，「国民参加・官民協働の推進」，「経済の活性化・行政の効率化」という目的の下，以下の4原則にもとづき，各府省が積極的にオープンデータの取り組みを進めていくことが確認されている．

① 政府みずから積極的に公共データを公開すること
② 機械判読可能な形式で公開すること
③ 営利目的，非営利目的を問わず活用を促進すること
④ 取り組み可能な公共データから速やかに公開等の具体的な取り組みに着手し，成果を確実に蓄積していくこと

これらの原則は，後にみる諸外国のオープンデータ政策において重視される点を適切に反映したものであるということができる．しかし一方で，公共セクター情報の再利用を促進するにあたり，データ形式の整備や公開対象の拡大，手続の簡略化などと同様に重要となるのが，その情報に発生しうる著作権の問題である．わが国をはじめ多くの国々においては，政府機関や地方自治体等の公共セクターが作成した情報についても，それが著作物として認められる程度の創作性を有しているかぎり，原則としてそれら公共機関が著作権を保有することになる．オープンデータ政策によって，いかに公共セクター情報が利活用されやすい形式で公開されたとしても，著作権にかかわる利用許諾等の処理が適切に，そして簡易に行われる制度を同時に構築しなければ，利用者にとっての法的安定性を損なう可能性が存

在するのである．

　わが国において，公共セクター情報の利活用を進めていくための著作権制度のあり方についてはいまだ議論が開始されたばかりであり，多様な公共セクター，そして企業や利用者を含めた関係者の間においても広範なコンセンサスが存在するとは言い難い状況にある．本章では，諸外国のオープンデータ政策のなかでもとくに著作権の論点に焦点を当てて参照することにより，多様な情報がインターネット上で広く共有され，組み合わせられることによって新たな社会的・経済的価値を生み出していくことが期待されるクラウド時代において，いかにして望ましい公共セクター情報の著作権制度を構築していくべきかについての検討を行う．

5.2　公共セクター情報の著作権の取り扱い

　公共セクター情報の利活用促進にかかわる国際的指針としては，2008 年に OECD（経済協力開発機構）が発行した「公共セクター情報に対するアクセスの改善とより効果的な利用についての勧告」[2]が存在する．そこでは公共セクター情報は，「政府や公的機関によって（あるいはそれらのために）生産され，創造され，収集され，処理され，保存され，管理され，資金的補助を受けた情報プロダクトやサービス」と定義され，各国が保有する公共セクター情報を電子的かつ再利用しやすい形態で広く公開することを促すとともに，著作権の取り扱いについては，下記の取り組みを進めていくべきであるとしている．

　　著作権：知的財産権は尊重されるべきである．公共セクター情報の著
　　作権については，政府や私的主体が著作権を保持するものから，著作

---

[2]　OECD [2008] OECD Recommendation of the Council for Enhanced Access and More Effective Use of Public Sector Information [C(2008)36]．〔http://www.oecd.org/dataoecd/41/52/44384673.pdf〕

権フリーの公共セクター情報まで，幅広い取り扱いの手法が存在している．再利用を促進する形での著作権の行使（著作権の放棄や，著作権者がそれを望みかつ可能である場合に著作権を放棄することを促すためのメカニズムの構築，孤児著作物を取り扱うためのメカニズムの構築等を含む），著作権者が合意している場合に幅広いアクセスと利用を促進する簡易なメカニズムの構築（簡易で効果的なライセンス契約を含む），そして外部の著作物に資金を提供している関連組織や政府機関への働きかけを通じて，それらの著作物に対して公衆が広くアクセス可能とするための道筋を見つけ出すことを奨励していくべきである．

　公共セクター情報の著作権の取り扱いについては，各国によってさまざまな制度が存在するものの，オープンデータにおいて世界を先導する立場にある米国は，もっとも利活用に配慮した規定をおいているということができる．連邦著作権法105条においては，「本法における著作権の保護は，連邦政府の著作物には適用されない．ただしこれは，連邦政府が譲渡や遺贈等を受けることによって，著作権を保有することを妨げるものではない」という規定がおかれており，連邦政府が作り出した著作物には原則として著作権は発生せず，パブリック・ドメインの状態におかれることが定められている[3]．

　一方でわが国では，公共セクター情報にかかわる著作権全般について米国のような包括的規定が存在するわけではないものの，利活用に配慮したいくつかの規定が存在する．著作権法13条においては「憲法またはその他

　3）　当該規定が米国においてオープンデータ政策が円滑に進められる要因として機能しているという指摘につき，Timothy Vollmer [2010] State of Play: Public Sector Information in the United States, *EPSIplatform Topic Report*, No.25. 等を参照．なお，ベルヌ条約2条（4）においては，「立法上，行政上及び司法上の公文書並びにその公的な翻訳物に与えられる保護は，同盟国の法令の定めるところによる」（翻訳は著作権情報センター）とされ，公共セクター情報の著作権の取り扱いは原則として各国に委ねられている．

の法令（1号）」および「国若しくは地方公共団体の機関，独立行政法人又は地方独立行政法人が発する告示，訓令，通達その他これに類するもの（2号）」，「裁判所の判決や決定，命令（3号）」，および公共機関が作成したそれらの翻訳物や編集物は，「権利の目的とならない著作物」として，著作権の保護を受けないこととされている．さらに32条2項では，政府の発行する白書等については，「国若しくは地方公共団体の機関，独立行政法人又は地方独立行政法人が一般に周知させることを目的として作成し，その著作の名義の下に公表する広報資料，調査統計資料，報告書その他これらに類する著作物は，説明の材料として新聞紙，雑誌その他の刊行物に転載することができる．ただし，これを禁止する旨の表示がある場合は，この限りでない」として，32条1項に規定される通常の引用よりも広範な利用を認めている．

　しかし，オープンデータ政策によって利活用が促進されるべき多様な公共セクター情報の種類と，情報技術の発展により急速に拡大するその用途全体を，上記のような限定的な規定のみによってカバーすることには限界がある．さらに公共セクター情報のなかには，たとえば測量法によって複製（同法29条および43条）・使用（同法30条および44条）にあたっての申請が求められる地理情報（測量成果）などのように[4]，著作権法以外の法制度を考慮する必要があるものも存在している．

　何よりも，公共セクター情報を利用するにあたって留意が必要となるこれら複雑な著作権法の制限規定や関連法制が，一般の人々にとって理解が容易であるものとは言い難い．とくにオープンデータは，国境のないインターネット上で公開され，そして多様な情報と組み合わせて利用されることがより大きな価値を生み出しうる性質を有することから，諸外国政府の公共セクター情報，そしてそれにとどまらない幅広い情報と組み合わせて利用されることが前提とされなければならない．オープンデータ政策にお

---

[4] 2008年に施行された同法改正により，申請にかかわる手続の簡略化等の措置がなされている．

ける公共セクター情報の再利用ルールは，著作権法をはじめとする関連の法制度との整合性を図りつつも，海外を含む一般の利用者にとって理解のしやすい，そして多言語的な環境に対応したものであることが求められる．

5.3 EU における取り組み

5.3.1 公共セクター情報の再利用指令

EU においても，米国のように公共セクター情報の著作権を一律で否定する制度を有している国はなく，わが国と同様その再利用の際の条件と手続きをいかに定めるかが論じられてきた．早くは1998年に公開された「情報社会における公共セクター情報についてのグリーンペーパー」[5]においても，公共セクター情報の開示そのものにかかわる手続の簡略化の必要性に加え，各国によって異なる公共セクター情報の著作権制度が，域内における国境を超えた利活用の障壁となる可能性が指摘されている[6]．

EU において，公共セクター情報の再利用を促進するための共通原則を定めているのが，2003年に採択された「公共セクター情報の再利用指令 (Directive on Re-Use of Public Sector Information, 2003/98/EC, 以下PSI指令)」[7]である．

---

[5] European Commission [1998] Green Paper on Public Sector Information in the Information Society, COM（98）585 final.

[6] この背景には，公共セクターの公開による政府活動の透明化という側面と同時に，世界において米国のIT産業が好調を続ける一要因が，利用可能な公共セクター情報の豊富さに存在するのではないかという視点も存在していた．Kathleen Janssen and Jos Dumortier [2003] Towards a European framework for the re-use of public sector information- A long and winding road, *International Journal of Law and Information Technology*, Vol.11, No.2, pp.184-201. を参照．

[7] PSI指令の詳細および各国の国内法化への取り組みについては，Kathleen Janssen [2011] The influence of the PSI directive on open government data- An overview of recent developments, *Government Information Quarterly*, Volume 28, Issue 4, pp.446-456. 等も参照．

同指令1条では，国家機密保持等の観点から機微性の高い情報，公共放送局や研究教育機関，図書館，文化施設（美術館や博物館）が保有する情報等の例外を除き，加盟国の中央政府に加え地方政府，さらに独立行政法人等の政府の監督を受ける公共性の高い組織等が保有する情報には，原則として同指令が適用されるものとしている．指令の対象となる情報の種類には，文書やデータ，そして音声や動画像までもが含まれる．公共セクター情報のうちいかなる情報を公開するべきかは各国政府の判断に委ねられるが，4条ではわが国の情報公開法（行政機関の保有する情報の公開に関する法律）に近い規定がおかれており，情報の公開要請があった場合に要請を拒絶する場合には，その理由を明示しなければならないと定められる．そしてそのような手続を経て一度再利用を認められた公共セクター情報は，以下の条件を満たして公開されなければならないとされる．

2010年から同指令の実施状況について再検討が行われ，13条の見直し規

表5.1 PSI指令が定める公共セクター情報の取り扱い

課金の制限	公共セクター情報の利用に対して対価を求める場合は，その額は当該情報の収集・作成・複製・配布にかかる費用，投資に対する適切なリターンを超えてはならない（6条）．
透明性	利用条件や料金等は，電子的媒体を含めた方法によって広く一般に公表されなければならない（7条）．
ライセンス	利用条件は，電子的に処理可能な，標準化されたライセンスによって記述されることが望ましい．また，中央政府以外の様々な公的機関においても，できるだけ標準化された統一のライセンスを用いるよう務めるべきである（8条）．
非差別	利用条件を利用者によって差別してはならない（10条）．ただし当該利用形態が商業的か非商業的かによって，利用条件の差別を行うことはできる（前文19）．
排他的協定の禁止	特定の私的主体に対し，独占的に公共セクター情報を提供することは原則として禁止される．ただし3年ごとの再検討を条件として，当該情報の提供に不可欠な場合は例外として認められる（11条）．

定にもとづき，2011年12月にPSI指令の改正案[8]が提示された．そこでの改正提案箇所は120以上に及ぶが，おもな内容は以下のとおりである．

　第一に，公共セクター情報の提供にあたって対価を求める場合は，原則としてその金額は「限界費用（marginal cost）」を超えてはならないとして，現行の条文よりも制約的な条件を課し，情報の作成に用いられた投資回収は例外的なケースにかぎるべきとしたことである．第二に，公共図書館および各種の文化施設（美術館や博物館）の保有する情報を，指令の対象に含むべきとしている点である（公共放送局および研究教育機関は引き続き指令の対象外とされる）．これは欧州全体のデジタルアーカイブポータルであるEuropeana[9]を中心とした，文化財の大規模デジタルアーカイブ構築政策のなかで，図書館や文化施設によって作成されたコンテンツの公開と二次利用を進めることが目的とされていると考えられる．

　ただし新たに追加された図書館および文化施設については，現行PSI指令11条で禁止される排他的契約，すなわち公共セクター情報を公開するにあたり特定の私企業等に対して排他的に提供する契約を締結してはならないとする規定に関して，改正PSI指令の発効後6年間は原則として適用除外とされる．これは図書館や文化施設等が保有する大規模なコレクションのデジタル化を進めるにあたっては，私企業等との契約にもとづく資金提供が不可欠となっており，このような取り組みを妨げないことを目的としていると考えられる．

　このような文化施設の保有する情報は，EUにおいてはオープンデータ

---

8)　European Commission [2012] Proposal for a DIRECTIVE OF THE EUROPEAN PARLIAMENT AND OF THE COUNCIL Amending Directive 2003/98/EC on re-use of public sector information. 〔http://ec.europa.eu/information_society/policy/psi/docs/pdfs/directive_proposal/2012/en.pdf〕

9)　http://www.europeana.eu/ 2012年時点で2000以上の文化施設が参加しており，それらが有する約2100万件の文化資源デジタルデータが検索可能であるとされる．Europeana [2012] Europeana Annual Report and Accounts 2011. 〔http://pro.europeana.eu/documents/858566/ade92d1f-e15e-4906-97db-16216f82c8a6〕

の幅広い利活用を進める対象として重視され[10]，デジタル化と公開を拡大するための多様な施策が進められている．とくに2012年10月には，デジタル化や公開にあたって著作権者が不明のため適切な権利処理を行いえない，いわゆる孤児著作物（orphan works）問題への対応として「孤児著作物指令（Directive on certain permitted uses of orphan works, 2012/28/EC）」[11]が採択された．

　同指令の下では，写真著作物を除くほとんどの種類の著作物について，EUにおける一定の文化施設（公共図書館，教育機関，ミュージアム，映画・オーディオ遺産機関，および公共放送局）は，権利者の所在について所定の入念な調査（diligent search）を行った結果孤児著作物として認められた場合には，その調査の記録を公的機関に提出することにより，事前の供託金などを要さずにデジタル化・公開などの行為を行うことが可能であると規定される．そして一度孤児著作物と認められた著作物は，著作権者が判明しないかぎり，EU加盟国全体において同様に扱われる．EUにおいては，PSI指令による包括的なオープンデータ利活用促進のための規定に加え，このような個別分野の特性に鑑みた，権利処理の円滑化に向けた

---

10)　たとえば前掲European Commission [2012] p.5における「1.3.6. PSI policy and policy on digitisation and cultural heritage」の記述を参照．
11)　DIRECTIVE 2012/28/EU OF THE EUROPEAN PARLIAMENT AND OF THE COUNCIL of 25 October 2012 on certain permitted uses of orphan works. 同指令の採択にいたる経緯については，今村哲也「EUにおける孤児著作物への対応」『カレントアウェアネス』No.312（国立国会図書館・2012）12～18頁等を参照．なお同指令において孤児著作物と認められた著作物は，営利企業への利用許諾を行うことは禁止されるが，私企業とのパートナーシップ契約自体は認めており，さらに文化施設自身が孤児著作物のデジタル化・公開に必要な費用のみに充てることを要件として，その利用から収益を得ることを認めている（6条2）．PSI指令6条，とくにその改正案が求めるように，公共セクター情報の公開はできるかぎり無料で公開されることがEUの指針であるが，デジタル化にかかるコストが相対的に高い文化資源分野では一定の例外が認められているのである．

立法的対応が同時に進められていることにも留意しなければならない[12]．

5.4 公共セクター情報の著作権ライセンス

5.4.1 クリエイティブ・コモンズ・パブリック・ライセンス

　それでは公共セクター情報の公開と利活用促進にあたり，その利用条件はどのように定められ，また利用者に対して提示されるべきであろうか．OECDの勧告やEUのPSI指令の規定においても，その利用許諾のあり方としては「簡易なライセンス」，あるいは「標準化されたライセンス」といった表現がなされており，広く一般に向けて一定の自由利用を許諾する，いわゆるパブリック・ライセンス[13]が想定されているものと考えられる．

　官民を問わず，インターネット上における著作物にもっとも広く利用されているパブリック・ライセンスの枠組が，クリエイティブ・コモンズ・パブリック・ライセンス（Creative Commons Public License，以下CCPL）[14]である．クリエイティブ・コモンズでは，現行の著作権法におい

---

[12] この他に分野別には，環境関連情報の公開にかかわる「環境情報に対する公衆アクセス指令（Directive on Public Access to Environmental Information, 2003/4/EC）」や，地理情報についての統一的情報基盤の構築を目指す「INSPIRE指令（Directive on Establishing an Infrastructure for Spatial Information, 2007/2/EC）」において，公共セクター情報再利用促進のための枠組の構築が進められている．

[13] パブリック・ライセンスという概念について公式な定義が存在するわけではないが，本章では，ここで詳述するクリエイティブ・コモンズ・パブリック・ライセンスの他，Linux等ソフトウェア分野で広く用いられているGNU General Public Licenseに代表されるような，著作権者が著作物に利用条件を明示的に提示することにより，著作権を保持したまま，不特定多数の利用者に一定の自由利用を認めるライセンス（利用許諾）を指し，以下ではこのようなパブリック・ライセンスを単に「ライセンス」と呼ぶこととする．

[14] http://creativecommons.org/ CCPLの利用件数については正確な統計等が存在するわけではないが，2011年時点で4億以上のコンテンツがCCPLのいずれかのライセンスの条件の下で公開されている．CCPLの採用事例の詳細と合わせ，Creative Commons Corporation [2011] The Power of Open.〔http://thepowerofopen.org/assets/pdfs/tpoo_eng.pdf〕を参照．PSI指令の求める要件と

第 5 章　諸外国におけるオープンデータ政策と著作権　　145

【表示 (BY)】
著作権者のクレジットを表示すること

【非営利 (NC)】
作品を営利的目的に用いないこと

【改変禁止 (ND)】
作品を改変して利用しないこと

【継承 (SA)】
二次的著作物は元の作品と同じ条件で公開すること

図 5.1　CCPL の要素とライセンス

てはすべての著作物に対して一律で付与される著作権を，著作権者の意思にもとづき，著作権を保持しつつも一定範囲の自由利用を認めることを示すためのライセンス・フォーマットを提供している．当時スタンフォード大学教授であったローレンス・レッシグ（Lessig, R.）の提唱により，2001年に活動を開始して以来，2013年現在で70以上の国や地域の法制度に適合するかたちで翻訳・現地化がなされており[15]，わが国においても2004年から日本法に適合したライセンスの提供が開始されている[16]．

CCPL では，「表示（Attribution, BY）」「非営利（Non-Commercial, NC）」「改変禁止（Non-Derivative, ND）」「継承（Share-Alike, SA）」という4つの要素を組み合わせるかたちで生成される6種類のライセンス体系から，著作権者自身がみずからの著作物に適用するライセンスを選択す

CCPL の整合性については，Mireille van Eechoud and Brenda van der Wal [2008] Creative Commons Licensing for Public Sector Information - Opportunities and Pitfalls.〔http://wiki.creativecommons.org/images/2/2c/Creativecommons-licensing-for-public-sector-information_eng.pdf〕pp.59-77 も参照.

15)　CC Affiliate Network.〔http://wiki.creativecommons.org/CC_Affiliate_Network〕

16)　http://creativecommons.jp/about/

ることにより，著作権を完全に放棄することはしないままで，不特定多数の第三者に対して一定の自由利用を認めることができる．

　CCPL のもう 1 つの特徴は，その利用許諾条件の記述において，利用者にとっての理解のしやすさと，情報技術への対応を図るかたちで，次の 3 層構造を採用していることである．

　まず，利用者がウェブサイト上などに提示される上記アイコンをクリックすると現れる第 1 層（証書，Deed）では，利用許諾条件が誰にでも理解できるよう，ごく簡易に要約されたかたちで記述されている．そしてそこからリンクされる第 2 層（ライセンス本文）では，利用許諾の正式な内容が各国・地域の法制度に適合したかたちで詳述されており，これら 2 層は先述した世界各国の言語に対応したかたちで表示することができる．第 3 層（メタデータ）では，利用許諾の内容が RDF（Resource Description Framework）を用いて記述されており，これにより検索エンジンなどが特定の CCPL が付与された著作物のみを検索の対象とすることが可能となっている．CCPL は，これまでに Wikipedia や YouTube といった多くの大規模 UGC（User Generated Content），そして Open Course Ware[17]等の教育コンテンツ等に適用され，世界でもっとも普及した著作権ライセンス体系となっている．

　オープンデータの取り組みのなかにおいても，オーストラリアではガバメント 2.0 タスクフォースの提言[18]の下，多くの公共セクターが CCPL を採用しており，data.gov.au[19]の他，中央政府ではオーストラリア政府統計局[20]，ジオサイエンス・オーストラリア[21]，そして州政府ではクイーンズ

---

17) http://www.ocwconsortium.org/
18) Government 2.0 Taskforce [2008] Engage Getting on with Government 2.0. 〔http://www.finance.gov.au/publications/gov20taskforcereport/doc/Government20TaskforceReport.pdf〕
19) http://data.gov.au/
20) http://www.abs.gov.au/
21) http://www.ga.gov.au/

ランド州[22]やヴィクトリア州[23]などが，CCPL の「表示」ライセンスの下で公共セクター情報を公開している．ニュージーランドにおいても，公共セクター情報を公開する際のライセンス・フレームワーク（New Zealand Government Open Access and Licensing framework, NZGOAL）においてCCPL の「表示」ライセンスの活用が提示され[24]，公共セクター情報ポータルサイトの data.govt.nz[25]に掲載される情報の多くが，同ライセンスの条件で公開されている[26]．

さらにこれらの基本となる6種類のCCPL に加え，クリエイティブ・コモンズでは著作権の完全に存在しない状態を記述することを目的とした，2種類の「パブリック・ドメイン・ツール」を提供している．1つめは，著作権者が有する著作権を，各国法が許容するかぎり完全に放棄することを明示する，「CC0 Public Domain Dedication（以下，CC0）」[27]である．これはその著作物の再利用を促進するにあたり，CCPL「表示」のような逐一の氏名表示を求めることが適切でない，あるいはそもそも著作権による保護が馴染まないなどの理由により，著作権の完全な放棄が望ましいと考え

---

22) http://www.ausgoal.gov.au/
23) http://www.data.vic.gov.au/
24) State Service Commission [2010] New Zealand Government Open Access and Licensing framework (NZGOAL).〔http://www.e.govt.nz/library/NZGOAL.pdf〕
25) http://www.data.govt.nz/
26) 先述のとおり連邦政府の著作権を否定している米国においては，ホワイトハウスのホームページ〔http://www.whitehouse.gov/copyright〕のように連邦政府職員以外の著作物をウェブサイト上で公開する場合や，さらにニューヨーク州〔http://www.nysenate.gov〕をはじめとする州政府の情報公開においてもCCPL の活用が行われている．これ以外の国々を含む各国政府でのCCPL の活用情報については以下のURL を参照．対象範囲や条件は多岐にわたるが，2013年現在で30前後の国の政府機関が，公共セクター情報の公開にあたってなんらかのかたちでCCPL を活用している．〔http://wiki.creativecommons.org/Government_use_of_Creative_Commons〕
27) http://creativecommons.org/about/cc0

図 5.2 CC0 およびパブリック・ドメイン・マークのロゴマーク

られる際に用いられる．具体的にはすでに，先述の Europeana に対してデータを提供する際に締結を求められる Data Exchange Agreement[28]において，各文化施設が提供する書誌情報等のメタデータは CC0 の条件で公開することが求められるなどメタデータ分野での活用が進められているほか，公共セクター情報においても，オランダの中央政府ウェブサイト[29]などが CC0 を全面的に採用している．

　もう 1 つは，当該著作物が，著作権者の死後各国法の規定する著作権保護期間を経過したなどの理由により，パブリック・ドメインの状態にあることを示す，「パブリック・ドメイン・マーク」[30]である．これは他の CCPL のような著作権ライセンスとは異なり，第三者が当該著作物の利用に際して表示を行うかたちで用いられる．先述した Europeana の Data Exchange Agreement においては，各文化施設が Europeana に文化作品の写真等著作物を提供する際には，当該著作物がパブリック・ドメインである場合に，同マーク等を用いた明示が求められている．

5.4.2　欧州諸国における独自ライセンスの策定に向けた動き

　一方で，PSI 指令の下で公共セクター情報の利活用促進を進める EU の国々では，条件面では CCPL と類似しつつも，各国ごとに独自のライセンスを策定する国々が多くみられる．英国を例にとれば，他の英連邦王国（Commonwealth realm）の構成国と同様，伝統的に公共セクター情報の著

---

28) http://pro.europeana.eu/web/guest/data-exchange-agreement
29) http://www.rijksoverheid.nl/copyright
30) http://creativecommons.org/about/pdm

作権は国王（女王）が保有するという王冠著作権（Crown Copyright）[31]制度を採用してきたが，2005年にPSI指令を国内法化する「公共セクター情報の再利用規則」を定めるなどのなかで，王冠著作権制度の現代化と簡略化が進められてきた．

2010年には，王冠著作権が適用される公共セクター情報の再利用枠組を定めた，英国政府ライセンス・フレームワーク（UK Government Licensing Framework, UKGLF）[32]が公表され，PSI指令の要件にもとづいた利用条件を定めるため，独自の「オープン・ガバメント・ライセンス（The Open Government Licence, OGL）」が策定される．同ライセンスは，公共セクター情報の著作権およびデータベース権[33]の双方に適用される．ライセンスの内容は表5.2のとおりである．

このほかに，非営利での利用のみを認めた「非営利ガバメントライセンス（Non Commercial Government Licence, NCGL）」[34]が存在する．

すなわち，その利用許諾の条件についてはCCPLの「表示」および「表示—非営利」と類似したかたちをとりつつも，公共セクター情報の有する性質に鑑み，その提供にあたっての虚偽の禁止や正確性，プライバシー保

---

[31] 議会著作権（Parliamentaly Copyright）制度と合わせ，1988年著作権・デザイン・特許法163条以降を参照．各英連邦王国の王冠著作権制度の概要と近年の改革の経緯については，Elizabeth Judge [2005] Crown Copyright and Copyright Reform in Canada, In the Public Interest, in *The Future of Canadian Copyright Law*（Michael Geist eds.），Irvin Law, pp.550-594. に詳しい．

[32] National Archives [2010] UK Government Licensing Framework: for public sector information.〔http://www.nationalarchives.gov.uk/documents/information-management/uk-government-licensing-framework.pdf〕

[33] データベース保護指令（Directive on Legal Protection of Databases, 96/9/EC）に定められる，EUに特有の，データベース独自の権利（sui generis rights）である．著作物として要求される程度の創作性を有しておらずとも，相当の投資が行われたデータベースについて，その実質的（substantial）部分の抽出と再利用を禁止する権利が，作成から15年間保護される．

[34] http://www.nationalarchives.gov.uk/doc/non-commercial-government-licence/

表5.2　OGL の内容

利用者が行うことができる行為
情報の複製，発行，配布，送信，翻案
情報の商業的利用（例：他の情報と組み合わせて利用すること，あるいは自分自身の製品やアプリケーションに埋め込んで利用することなど）
利用者が従う必要のある条件
情報提供者の出典を明示し，可能な場合には本ライセンスへのリンクを表示すること
情報利用者が公式の主体であるふり，あるいは利用者およびその情報の利用行為が情報提供者の公式な委任・承認を受けているようなふりをしないこと（non-endorsement）
情報の内容やその出典を第三者に誤解させたり，偽って伝えたりしないこと
1998年データ保護法および2003年プライバシー・電子コミュニケーション規則に反する利用を行わないこと

護などについて明示的に言及する形式を採用しているのである．そしてこのライセンスは，著作権についてはCCPLの「表示（および表示—非営利）」，そしてデータベース権については，CCPL（表示）とほぼ同様の内容を有しつつもとくにデータベース権に配慮した規定を有しているOpen Data Commons Attribution License（ODC-BY）[35]との相互互換性を有するとの記述がなされており，各国で公開が進む公共セクター情報やWikipedia等，すでにCCPLやODC-BYで公開されているオープンデータと組み合わせて利用可能であることが確認されている．

同ライセンスは英国のオープンデータ・ポータルサイトであるdata.gov.uk[36]，および過去の行政関係文書を所蔵しインターネット上での公開を進める英国国立公文書館（The National Archives）[37]をはじめ，各種公共セクターの提供する情報に順次適用が進められている．さらに2012年には，

---

35) http://opendatacommons.org/licenses/by/
36) http://data.gov.uk/terms-and-conditions
37) http://www.nationalarchives.gov.uk/legal/copyright.htm

第 5 章　諸外国におけるオープンデータ政策と著作権　　151

カナダにおいても公共セクター情報に対してオープン・ガバメント・ライセンスの適用を進める方針が示され（OGL-C）[38]，前提とする法制度等の相違を反映したうえで，2013 年中には正式なライセンスを発行するものとしている．この他にもフランスの Licence Ouverte（LO）[39]，イタリアの Italian Open Data License（IODL）[40]，ノルウェーの Norwegian Licence for Open Government Data（NLOD）[41]などが，OGL と類似した独自ライセンスとして策定されており，自国の公共セクター情報の公開に適用されている[42]．

しかしそれでは，なぜ OGL をはじめとする EU 諸国の公共セクター情報ライセンスは，CCPL と類似の利用条件を定めつつ，そしてその相互互換性を重視しつつも，CCPL を利用せず，独自ライセンスを策定する手段を採用しているのであろうか．情報提供にかかわる信頼性という観点からは，OGL が有するいわゆる non-endorsement 条項については，すでに CCPL のバージョン 3.0 以降において明示的に導入されている[43]．その他の理由

38）　Proposed Open Government Licence Agreement.〔http://www.data.gc.ca/default.asp?lang=En&n=0D3F42BD-1〕

39）　http://www.etalab.gouv.fr/pages/Licence_ouverte_Open_licence-5899923.html

40）　http://www.dati.gov.it/content/italian-open-data-license-domande-e-risposte

41）　http://data.norge.no/nlod/en

42）　これらの独自ライセンスの詳細については，Ilaria Buri [2012] Accessing and Licensing Government Data under Open Access Conditions.〔http://creativecommons.nl/wp-content/uploads/2012/05/I-buri-Accessing-and-Licensing-Government-Data-under-Open-Access-Conditions.pdf〕pp.55-81 等を参照．またこれらにおいても，OGL と同様 CCPL や ODC-BY 等と相互互換性を有するとされているものの，とくにデータベース権の取り扱いのあり方に関して，利用態様によっては必ずしも相互互換性が担保されていないという指摘につき，たとえば Federico Morando [2013] Legal interoperability: making Open Government Data compatible with businesses and communities, *Italian Journal of Library and Information Science*, Vol.4, No.1, pp.441-452, pp.445-448 等を参照．

43）　たとえば「表示 3.0 非移植（Attribution 3.0 Unported）」においては，4 条 b 項を参照．「非移植」ライセンスとは，Wikipedia のように多くの国籍（法域）の

としては，たとえば準拠法の指定がCCPLの条文にはおかれておらず，OGL等では自国を準拠法として定めるなどの違いが存在するが[44]，おそらく最大の要因は，CCPLにおけるデータベース権の取り扱いであると考えることができる．

　CCPLは，先述のようにその条件記述の内容を各国法に適合するよう現地化がなされたうえで運用されるが，EU諸国において現地化されたライセンスにおいては，自由利用の拡大と法的安定性の重視の観点から，原則としてデータベース権は放棄されるものとしている．すなわち著作権の保護が及ばず，データベース権のみによって保護されるデータベースについては，情報提供者の表示や営利利用の禁止をはじめとする，OGLが定めるような利用条件を利用者に求めることは原則として不可能とされている．公共セクター情報に対しても，米国の連邦著作権法やCC0のようにすべての権利を放棄することはせず，一定の権利を留保したうえで利用条件を定めようとする姿勢を有するEU諸国において，データベース権のみが適用される公共セクター情報についても同様の権利を留保し続けようとしたことが，データベース権への配慮を含んだ独自ライセンスを策定している大きな理由として考えることができる[45]．

5.5　わが国に対する示唆

　これまで確認してきたように，公共セクター情報の著作権をオープンデ

　　人々がコンテンツの提供・改変に参加することが想定されるUGC等において，各国ごとに現地化されたライセンスを用いることが適切でない場合に用いられるライセンスを指す．〔http://creativecommons.org/licenses/by/3.0/legalcode〕
44）　前掲 Ilaria Buri [2012] p.75 を参照．
45）　この点につき，CCPLにおいてデータベース権の放棄が定められた経緯を含め，前掲 Ilaria Buri [2012] pp.60-65 等を参照．ただし，2013年現在新たに策定が進められているCCPLバージョン4.0では，このようなデータベース権の取り扱いを明示的に含めることが検討されている．〔http://wiki.creativecommons.org/4.0〕

ータに対応させていくための諸外国の方法論としては，①米国連邦著作権法のように公共セクター情報の著作権保護自体を撤廃する，②オーストラリアやニュージーランド等のようにすでに広く用いられているCCPLを活用する，③英国やフランス等のように独自のライセンスを策定する，という3つのアプローチをみることができる．それではわが国は，公共セクター情報のもつ可能性を最大化していくために，どのような利用条件を定めていくべきであろうか．

　EUにおいては，とくにそのライセンスの選択にあたりデータベース権の存在が一定の影響を与えていたと考えられることを指摘したが，わが国においてはデータベースの権利は著作権法によって保護されており（著作権法12条），独自の権利を制定するという形式を採用していないことから，同様の論点が問題となる余地は少ない．著作権法の目的が創作活動のインセンティブの創設であると理解するかぎり，国民からの税収を財源とする公共セクター情報に，通常の著作権と同様の保護を与える理由は乏しい．むしろ米国のように原則としてその保護を皆無とする，あるいはCCPL「表示」ライセンスの適用などによって最小限とすることにより，多様な創作的活動の原資としうる公共セクター情報を拡大していくことが，著作権法が目的とするところの文化の発展，そして創作活動の最大化に寄与するものであると考えることができるだろう．

　一方で，公共セクター情報の利活用を進めるにあたっては，このような創作活動のインセンティブとは異なる論点を考慮する必要があることも事実である．公共セクター情報はその性質上，第三者に対して誤解を与えるような利用や，データ・内容の不適切な改ざん，あるいはプライバシー等他者の権利を侵害するような利用が行われることによって，社会一般に対して混乱を及ぼしうる可能性の高い情報が相対的に多く含まれていると考えることができる．英国のOGLをはじめとするEU諸国の独自ライセンスが，データベース権の留保を含め，このような側面に強く配慮した規定をおいていることは，公共セクター情報の幅広い再利用を促進しつつも，正

確性や信頼性，第三者の権利の保護をバランスしようとしたものとして理解することができよう．

しかしオーストラリア等において，公共セクター情報の利用条件においてCCPLを利用することを検討する際にも言及されたように，上記のような論点の多くは，non-endorsement条項をはじめCCPLにすでに含まれている条項，あるいは利用条件によらずとも不法行為や個人情報保護法制をはじめとする既存の法制度によって対応することが可能である[46]．そして公共セクター情報をオープンデータ化し，広くインターネット上でアクセス可能とすることは，従来よりも正規の出典の確認を容易とすることにより，むしろ公共セクター情報の正確性・信頼性の向上に資するであろうことにも留意する必要がある．

さらに公共セクター情報の利用条件は，冒頭で示したように海外を含む幅広い利用者にとって理解しやすいものであることが求められるとともに，その相互互換性という論点にも配慮をする必要がある．わが国を含む各国が，公共セクター情報の公開にあたり独自のライセンスを策定することは，利用者にとっての確認と理解のコストを増加させるとともに，利用条件の内容によっては，諸外国の公共セクター情報や，すでにCCPLが適用されているWikipedia等の情報と組み合わせて利用することが不可能となる事態をもたらす可能性を有する[47]．

この点わが国においても，文化庁が主体となり，「CLIP (Content License

---

46) たとえば前掲 Government 2.0 Taskforce [2008] pp.98-99 等を参照．

47) 前掲 Government 2.0 Taskforce [2008] p.99 では，オーストラリア政府が独自ライセンスを策定せず，CCPLを用いるべき理由として，①CCPLはすでに世界中で広く利用されており，新たなライセンスを策定することは世界中の利用者の利用コストを高めること，②メタデータを活用しており利便性が高いこと，③相互互換性の欠如により，すでにCCPLを採用している多くの情報と組み合わせられなくなるおそれがあることなどを挙げている．ライセンスの相互互換性の論点については，渡辺智暁・野口祐子「オープンアクセスの法的課題：ライセンスとその標準化・互換性を中心に」『情報の科学と技術』60巻4号（情報科学技術協会・2010）151~155頁も参照．

Intent Presentation）システム」というCCPL類似の独自ライセンス体系の構築に向けた検討が進められていた．しかし2011年度に文化庁の「著作物等の円滑な利用，流通の促進に関する調査研究」の一環として開催された「意思表示システムの在り方に関する調査研究委員会」では，「CCライセンスは，CLIPシステムの主な利用者として想定していた教育機関や公的機関においても採用が進んでいる．完全ではないものの代替可能な優れた仕組みが普及したことで，必ずしも行政機関が自ら意思表示システムを構築することが不可欠とはいえない状況になった」[48]として，CLIPシステムの実用化に否定的な結論を示している[49]．

わが国における公共セクター情報をオープンデータ化し，その社会的・経済的価値を最大化させていくためには，そもそも公共セクター情報の著作権保護の必要性自体を，自由な利活用のもたらす便益との兼ね合いという観点から再考していく必要がある．米国のような公共セクター情報の著作権保護の完全な撤廃が困難であるとしても，著作権保護を前提とした利用規約を定める場合においては，当該情報の有する性質を個別に斟酌したうえで，できうるかぎりその保護の程度を限定的とするかたちでの対応が行われることが望ましい．CC0などを用いた著作権の選択的な放棄や，利用者の利便性の観点からCCPL「表示」のような広く利用されているライセンスを用いることを考慮しつつ，独自のライセンスを策定する場合においても，その相互互換性という観点に十分に配慮したうえでの検討が行わ

---

48) 平成23年度文化庁委託事業「著作物等のネットワーク流通促進のための意思表示システムの在り方に関する調査研究」「意思表示システムの在り方に関する調査研究報告書（平成24年3月）」〔http://www.bunka.go.jp/chosakuken/pdf/network_hokokusyo.pdf〕p.70を参照．

49) すでにわが国においても，経済産業省が白書や各種統計情報等を公開するオープンデータ実証サイトOpen DATA METI〔http://datameti.go.jp/〕の他，地方自治体では福井県鯖江市〔http://www.city.sabae.fukui.jp/pageview.html?id=11552〕や千葉県流山市〔http://www.city.nagareyama.chiba.jp/10763/index.html〕などのオープンデータの取り組みのなかにおいて，公共セクター情報へのCCPLの適用が進められている．

れるべきだろう．

第 6 章　電子指紋にもとづく著作権コンテンツの自動検出技術

内田祐介

6.1　はじめに

　本章では，著作権コンテンツの自動検出技術について俯瞰する．なお，著作権コンテンツのコピー自体を防止するデジタル著作権管理（Digital Rights Management：DRM）技術はスコープ外とする．

　著作権者がインターネット上での違法コンテンツの流通を阻止しようとする場合，インターネット上のコンテンツを監視し，通知後削除（notice and take down）の手続きに従い，著作権コンテンツの削除をホスティングサービス・プロバイダー（Hosting Service Provider：HSP）に要求することが1つの現実的な解法である．しかしながら，人手による監視には多大な労力が必要となるため，インターネット上の著作権コンテンツを自動的に検出し，HSPに自動的に通知する仕組みが期待されている．実際に，Civolution社やIrdeto社（旧BayTSP）といった企業が，後述する電子透かし技術や電子指紋技術を利用したソリューションを展開している．また，HSP自身が自動的に著作権コンテンツを検出する仕組みを提供しているケースも存在する．たとえば，YouTubeはAudible Magic社の音響指紋技術と独自の映像指紋技術を，Dailymotionは同じくAudible Magic社の音響指紋技術とフランス国立視聴覚研究所の映像電子指紋技術を利用している．

6.2 著作権コンテンツ検出技術

　自動的に著作権コンテンツを検出する方法はおもに，ハッシュ値を用いる手法，電子透かし（digital watermarking）を用いる手法，電子指紋（digital fingerprinting）を用いる手法の3種類があげられる．本節ではこれらの特徴について概説する．著作権コンテンツ検出技術における重要な要素として，処理時間とロバスト性があげられる．処理時間は未知のコンテンツが著作権コンテンツであるか否かをコンピュータが判定するために必要な時間のことであり，当然短いことが望ましい．ロバスト性（robustness：頑健性）とは，オリジナルの著作権コンテンツの内容が改変されたとしても，著作権コンテンツとして検出が可能である性質のことである．コンテンツの改変としては，動画の再圧縮や画面サイズの変更，字幕の挿入などが代表例としてあげられる．これらの改変が行われたとしても，正確に検出が可能であるとき，その技術はロバスト性が高いという．

　ハッシュ値を用いる手法では，Message Digest 5（MD5）や，Secure Hash Algorithm（SHA）といったハッシュ関数を用いて，映像や音楽コンテンツファイルから固定長のビット列（ハッシュ値）を算出する．このハッシュ値を比較することで，完全に同一なファイルを高速に検出することが可能となる．しかしながら，人間の目にはわずかに異なるコンテンツでも，まったく異なるハッシュ値をもつように設計されているため，コンテンツ自体が改変された場合，たとえば映像や音楽コンテンツを再圧縮するだけでも検出ができなくなってしまうという問題がある．そのため，動画共有サイトにおいて，アップロードされたコンテンツが侵害コンテンツとして通知・削除された後，同一のファイルが再三にわたってアップロードされるような限定的な状況で有効である．

　電子透かしは，オリジナルのコンテンツに対して，人間が知覚できないレベルの改変を加え，コンテンツの識別子等のデータを埋め込む技術であ

る．インターネット上のコンテンツから電子透かしの抽出を試み，電子透かしが抽出できれば著作権コンテンツとして検出することが可能である．ビデオ・オン・デマンドサービス等，コンテンツを個別配信するようなケースでは，配信ユーザーの識別子を埋め込むことも技術的には可能であり，その場合はどのユーザーからコンテンツが流出したかを特定することも可能である．電子透かしは，検出が比較的高速であり，後述する電子指紋のような大規模なデータベースを必要としない利点がある．一方，その特性上，電子透かしを埋め込まずに配布されたコンテンツに対しては無力であり，また電子透かしが埋め込まれたコンテンツも，コンテンツの改変によって透かしが消えてしまう可能性がある．

　電子指紋は，コンテンツ特有の「指紋」情報を抽出・照合する技術である．人のもつ指紋が人ごとに異なるように，デジタルコンテンツからもそのコンテンツ特有の情報を抽出することのアナロジーから電子指紋と呼ばれている．著作権者から提供される著作権コンテンツから抽出された指紋情報をデータベースに蓄積しておき，未知のコンテンツの指紋とデータベースの指紋とを照合し，類似した指紋がデータベースに存在する場合に著作権コンテンツとして検出することが可能である．ハッシュ値との違いは，電子指紋は，コンテンツが改変されたとしても，なるべく類似した指紋が抽出できるようにアルゴリズムが設計されている点にある．指紋の比較のために，著作権コンテンツの指紋をデータベースに保持しておく必要があるものの，電子透かしと比較してオリジナルコンテンツを改変しなくてもよく，編集や圧縮等のコンテンツ改変が行われたとしても比較的ロバストに検出が可能であるという利点がある．

　以降では，電子透かしのように事前のオリジナルコンテンツの改変が必要なく，ロバストな検出が可能である電子指紋技術について，具体的な指紋を例にあげ，どのような情報が指紋として利用されているかを概説する．

6.3 映像指紋技術

映像コンテンツは，1枚の画像に相当するフレームの集まりで表現される．映像指紋技術の多くは，このフレーム単位で指紋情報を抽出し，データベースに蓄積された著作権コンテンツの指紋と比較を行う．

本節ではまず，ordinal measure（OM）[1,2]と呼ばれる輝度（明るさ）の順序関係に着目した基本的な指紋を紹介する．OMは，フレームを複数のブロックに分割し，それらのブロックの平均輝度を算出し，平均輝度の大きさでブロックに順序をつけた際の順序を指紋とするものである．**図6.1**(a)では，フレームを3×3の領域に分割し，それらのブロックの平均輝度から順序を求めた例を示しており，この場合の指紋は（8，2，4，9，6，7，5，1，3）となる．ここで，順序という相対的な情報を指紋として用いる点が重要である．たとえば，映像編集等によってフレーム全体の明るさが補正された場合，平均輝度自体は変わる可能性があるが，平均輝度間の順序は変わらない可能性が高く，ロバスト性が担保できるためである．

次に，近年動画の識別方法に関する国際標準規格MPEG-7[3]の規格「ISO/IEC15938-3/Amd.4」として標準化された指紋[4]を紹介する．これは，**図6.1**(b)のように，さまざまな矩形領域間の平均輝度の差を指紋情報とするものである．具体的には，各矩形領域間について，白の領域の平均輝度が黒

---

[1] D. N. Bhat and S. K. Nayar, "Ordinal measures for image correspondence," *TPAMI*, vol.20, no.4, pp.415-423, 1998.

[2] X. Hua, X. Chen, and H. Zhang, "Robust video signature based on ordinal measure," in *Proc. of ICIP*, 2004, pp.685-688.

[3] MPEG-7とは，マルチメディア・コンテンツに対するメタデータの表記方法に関する国際標準規格であり，正式名称をMultimedia Content Description Interfaceという．

[4] S. Paschalakis, et al., "The mpeg-7 video signature tools for content identication," *TCSVT*, vol.22, no.7, pp.1050-1063, 2012.

第6章 電子指紋にもとづく著作権コンテンツの自動検出技術

(a) 平均輝度の順序にもとづく指紋　　(b) 平均輝度の差にもとづく指紋

図 6.1　輝度情報にもとづく指紋例

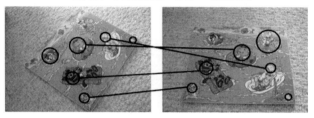

図 6.2　部分的な局所特徴を照合する指紋技術

の領域の平均輝度よりも一定以上大きい場合は 0，平均輝度が類似していれば 1，黒の領域の平均輝度が白の領域の平均輝度よりも一定以上大きい場合は 2，と定義される値を算出する．この値をあらかじめ定義された矩形領域すべてについて算出したものを指紋として利用する．この指紋も，OM と同様に相対的な情報を利用しているため，さまざまな編集に対してロバストである．さらに，OM と異なり，さまざまな矩形領域を利用しているため，一部の矩形領域の指紋が変化したとしても検出が可能である．たとえば，映像に対してロゴやキャプションを挿入することは一般的な編集であるが，そのような局所的な変化に対してもロバスト性が担保できている．

　上記で紹介した映像指紋はすべて，基本的には 1 フレームから 1 つの指紋を抽出する，大域特徴と呼ばれる情報にもとづいている．この大域特徴にもとづいた手法では，幾何的な改変が加えられた場合，たとえばフレームの部分領域を切り取った場合には検出できないケースが多い．これに対

し，近年，画像認識分野で広く利用されている局所特徴[5]と呼ばれる情報にもとづいた映像指紋技術も存在する[6]．これは，**図6.2**に例を示すように，フレーム中の特徴的な部分領域間を照合する技術であり，フレームの一部分が欠落した場合や，フレームが回転されるなどの編集が行われた際にも高精度な検出が可能である．しかしながら，計算量が非常に大きいため，大量の映像コンテンツを識別する必要がある環境での利用は現実的ではない．

6.4 音響指紋技術

図6.3（a）に示すように，音響信号は横軸が時間，縦軸が振幅の波形で表現される．この信号は，多くの音響信号を扱う処理と同様に，フーリエ変換（fourier transform）により周波数成分に変換される．この処理は，音響信号を音の高さ（周波数）ごとに分解し，それぞれの音の高さがどの程度含まれているか（強度）という情報に変換していることに相当する．**図6.3**（b）は，**図6.3**（a）の音響信号に対してフーリエ変換を行った結果であり，スペクトログラム（spectrogram）と呼ばれる．横軸が時間，縦軸が周波数，色の濃さで強度を表現しており，各時刻において，各周波数がどの程度の強度をもっているかを表している．多くの音響指紋技術がこのスペクトログラムを利用して指紋を抽出している．ここでは，文献[7]で提案されている著名な指紋技術について紹介する．**図6.3**（c）に示すように，各時刻において，隣接する周波数の強度を比較し，その大小関係にもとづいて0および1の値を算出する．この値を連続する33周波数に対して求め

---

5) D. G. Lowe, "Distinctive image features from scale-invariant keypoints," *IJCV*, vol.60, no.2, pp.91-110, 2004.

6) "An image-based approach to video copy detection with spatio-temporal post-ltering," *IEEE Trans. on Multimedia*, vol.12, no.4, pp.257-266, 2010.

7) J. Haitsma and T. Kalker, "A highly robust audio ngerprinting system," in *Proc. of ISMIR*, 2002, pp. 107-115.

第6章 電子指紋にもとづく著作権コンテンツの自動検出技術　　　163

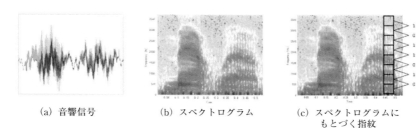

　(a) 音響信号　　　　(b) スペクトログラム　　(c) スペクトログラムに
　　　　　　　　　　　　　　　　　　　　　　　　　もとづく指紋

図6.3　スペクトログラムにもとづく指紋例

ることで，最終的に 32 ビットの指紋が抽出される[8]．ここでは，前述の映像指紋技術と同様に，周波数間の相対的な情報を利用していることがわかる．スペクトログラムから指紋を抽出することは，楽曲検索アプリケーション Shazam[9]を提供している Shazam 社の提案している音響指紋[10]や，NTT 社の提案している音響指紋[11]においても行われている．

6.5　技術水準

　本節では，TRECVID と呼ばれる競争型ワークショップでのコンペティションの結果を参考に，電子指紋技術の技術水準について考察する．
　TRECVID（TREC Video Retrieval Evaluation）[12]とは，米国の NIST（National Institute of Standards and Technology：米国国立標準技術研究所）が主催している映像検索技術に関するワークショップであり，毎年複数のタスクについて参加者を募集し，参加者同士の手法の比較評価を行っ

---

8)　実際には，時間方向の大小比較も行っているが詳細は割愛する．
9)　http://www.shazam.com/
10)　A. Wang, "An industrial-strength audio search algorithm," in *Proc. of ISMIR*, 2003.
11)　K. Kashino, A. Kimura, H. Nagano, and T. Kurozumi, "Robust search methods for music signals based on simple representation," in *Proc. of ICASSP*, 2007.
12)　http://trecvid.nist.gov/

ている．TRECVIDでは，動画共有サイト等における違法コンテンツの増加を背景に，2008年度よりContent-based Copy Detection（CCD）というコピー検出（著作権コンテンツの検出）のタスクが追加された．これは，著作権コンテンツを模したリファレンスコンテンツと非リファレンスから生成されたクエリコンテンツに対し，クエリにリファレンスの一部が含まれるか否かを自動判定し，含まれればその位置を特定するというタスクである．クエリコンテンツ生成の際には，ロバスト性評価のため，パターン挿入・再圧縮・ガンマ補正といった検出を困難にする変換が複数かけられる．

CCDタスクについて簡単に紹介する．リファレンスコンテンツとして，著作権コンテンツを模した動画約400時間分が利用される．クエリコンテンツは，最短3秒，最長3分の動画の集合から構成されており，1/3がリファレンスの部分コピー，1/3がリファレンスの部分コピーがリファレンスとは無関係な動画に時間的に埋めこまれたもの，1/3がリファレンスとは無関係な動画から構成されている．また，クエリには，表6.1に示す7種類の映像変換と表6.2に示す7種類の音響変換がそれぞれ適用される．映像の変換に関しては，図6.4に，実際に変換が適用されたフレームのサンプルを示す．1分程度のコンテンツのうち5秒間だけがリファレンス映像の部分コピーであるクエリ映像も存在するなど，タスクとしては現実の問題よりも難しい設定となっている．参加者は，これらのタスクに対してシステムを構築し，検出精度と平均処理時間等にもとづいた評価が行われる．TRECVIDのウェブサイトでは，2008年から2011年までの評価結果資料が公開されている[13],[14],[15],[16]．

本節では，映像指紋技術と音響指紋技術を個別に利用した際の検出精度が公開されている結果の一例を参考に，それぞれの指紋技術の傾向を分析

---

13) http://www-nlpir.nist.gov/projects/tvpubs/tv8.slides/CBCD.slides.pdf
14) http://www-nlpir.nist.gov/projects/tvpubs/tv9.slides/tv9.cd.slides.pdf
15) http://www-nlpir.nist.gov/projects/tvpubs/tv10.slides/tv10.ccd.slides.pdf
16) http://www-nlpir.nist.gov/projects/tvpubs/tv11.slides/tv11.ccd.slides.pdf

表6.1 映像コンテンツへの変換

変換タイプ	変換の内容
T2	ピクチャインピクチャ
T3	パターン挿入
T4	再圧縮
T5	ガンマ補正
T6	ぼかし，ガンマ補正，フレームレート変換，コントラスト調整，圧縮，ノイズ等の変換から3種類
T8	クロッピング，フレームの平行移動，コントラスト調整，キャプション挿入，パターン挿入等から3種類
T10	上記の変換から3種類

表6.2 音響コンテンツへの変換

変換タイプ	変換の内容
T1	なし
T2	MP3再圧縮
T3	MP3再圧縮，マルチバンド圧縮
T4	バンドパスフィルタ，シングルバンド圧縮
T5	音声重畳
T6	音声重畳，マルチバンド圧縮
T7	音声重畳，バンドパスフィルタ，MP3圧縮

する．**表6.3**に文献[17]に記載の映像指紋技術を利用した際の結果を示す．**表6.3**では，3節で概説した大域特徴にもとづく映像指紋と，局所特徴にもとづく映像指紋それぞれを利用した場合の精度を個別に記載している．表中の値は，実際にリファレンスコンテンツのコピーが含まれているクエリコンテンツに対して，リファレンスコンテンツとコピーされた時刻の特定ができなかった比率（未検出率）を表している．大域特徴を利用した映像指紋の場合，T3，T4，T5，T6のように，フレームの部分領域を切り取る等の幾何的な編集が行われない変換に対しては，ほぼ完璧な検出率を達成し

---

17) Y. Uchida, K. Takagi, and S. Sakazawa, "Fast and accurate content-based video copy detection using bag-of-global visual feature," in *Proc. of ICASSP*, 2012.

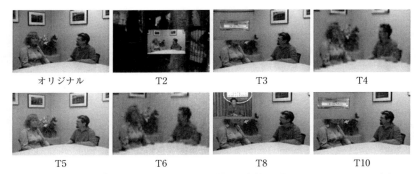

図 6.4 オリジナルフレームと，7 種類の変換が適用されたフレーム例

ている一方，T2，T8，T10 のように幾何的な編集が行われる変換に対しては大幅に検出率が低下していることがわかる．一方，局所特徴を利用した映像指紋の場合，そのような変換に対してもある程度の精度で検出が可能であることがわかる．

　表 6.4 に，文献 [18] に記載の音響指紋技術を利用した際の結果を示す．音響指紋を用いた場合には，どのような変換が施されていてもある程度安定した精度で検出が実現されている．複数のシステムの平均的な結果を考察すると同様の傾向が見られるが，そのなかでも T5，T6，T7 の変換のように他の音響信号が混合されている場合に認識精度が低下する傾向がある．また，TRECVID では，音響と比較して映像に対する変換は難しいことも注意する必要があるが，映像電子指紋よりも音響電子指紋のほうが高精度な検出を実現する傾向にある．

　認識速度に関しては，競争型ワークショップであるゆえに，参加者の多くが精度を重視したシステムを開発しており，リアルタイム性を考慮したシステムは少ない．**表 6.3** に記載の大域特徴にもとづく映像指紋では，400 時間のリファレンス映像に対して，リアルタイムの約 100 倍の速度，すなわち 100 秒の映像を程度 1 秒で判定できるとしている．一方，局所特徴に

---

18) M. Heritier, et al., "Crim's content-based copy detection system for trecvid," in *Proc. of TRECVID*, 2009.

表6.3 映像指紋技術を用いたコンテンツ検出精度（未検出率）

	T2	T3	T4	T5	T6	T8	T10
映像指紋（大域特徴）	1.000	0.007	0.000	0.000	0.000	0.843	0.821
映像指紋（局所特徴）	0.396	0.037	0.299	0.075	0.052	0.075	0.381

表6.4 音響指紋技術を用いたコンテンツ検出精度（未検出率）

	T1	T2	T3	T4	T5	T6	T7
音響指紋	0.052	0.052	0.060	0.060	0.052	0.075	0.137

もとづく映像指紋では，ほぼ映像の時間と同じ程度の時間が必要となっている．音響指紋に関しては，それらの中間的な速度で検出が可能であることが多い．

6.6 まとめ

本章では，著作権コンテンツの自動検出技術，とくに電子指紋技術に着目して解説を行った．映像指紋技術および音響指紋技術はすでに実用レベルであるといえる．TRECVIDでのコピー検出タスクも，十分技術発展に寄与したとして2011年に終了していることからもそれがうかがえる．今後は，標準的な著作権コンテンツ検出の仕組みが構築されることが期待されるが，電子透かし技術や電子指紋技術に関しては，その仕組みが公開された場合には検出を回避するような攻撃が可能になってしまう課題も存在するため，さらなる技術革新が期待される．

索　引

■アルファベット

A
ACTA　126
AdWords　63, 64

C
Cablevison 事件控訴裁判決　90, 94
CC0 Public Domain Dedication　147, 155
CCPL →クリエイティブ・コモンズ・パブリック・ライセンス
CLIP（Content License Intent Presentation）　154
CLIP システム　155

D
Data.gov　136
DMCA →デジタルミレニアム著作権法
DMCA 準拠通知　82
DMCA セーフハーバー　80
DPI →ディープ・パケット・インスペクション

E
ECD →電子商取引指令
eircom　119
Electric Sell Through　17
EU　140
Europeana　142, 148

G
Google Suggestion（Google Suggest）　49, 50

H
HADOPI 法　102, 116
HADOPI 1 法　48, 106

I
IaaS　3, 9
IP アドレス　128, 131
ISP →インターネット・サービス・プロバイダー

M
MP3.com　75
MP3tunes 事件　71, 77
MPEG-7　160

N
Newzbin2 事件　113
NIST →米国国立標準技術研究所
notice & takedown →通知後削除

O
OECD（経済協力開発機構）　137
Open Data Commons Attribution License（ODC-BY）　150
OSP →オンラインサービス提供者

P
P 2 P　103
PaaS　3, 9
PSI →公共セクター情報
PSI 指令→公共セクター情報の再利用指令

S
SaaS　3, 8
SABAM 判決　125, 133

T
The Pirate Bay 事件　113
TRECVID　163

U
UGC（User Generated Content） 146

V
volitional conduct 90

■ア行
アカウント停止 103, 115
アクセス権 22
寄与侵害 92
インターネット・サービス・プロバイダー（ISP） 99
インターネットアクセス切断 103, 104
インターネット回線名義者 131
インターネットにおける著作物の頒布および保護を促進する法律→HADOPI 1 法
営業の自由 56, 57
英国政府ライセンス・フレームワーク（UK Government Licensing Framework, UKGLF） 149
映像指紋技術 160
王冠著作権（Crown Copyright） 149
オープン・ガバメント・ライセンス（The Open Government Licence, OGL） 149
オープンガバメント 136
オープンデータ 135
公の実演権 94
公の伝達権 52
音響指紋技術 162, 166
オンラインサービス提供者（OSP） 115

■カ行
カラオケ法理 30
間接侵害 12, 28
管理権・能力 82
危険信号の認識 82, 88
共有型 72
局所特徴 162, 166
クラウド・コンピューティング 1
クラウド・サービスと著作権法 25
クリエイティブ・コモンズ・パブリック・ライセンス（CCPL） 144

クロス・ボーダー 12
現実の認識 82, 88
公共セクター情報（PSI） 135, 137, 138
公共セクター情報の再利用指令（PSI 指令） 140, 141, 142
孤児著作物 138, 143
孤児著作物指令（Directive on certain permitted uses of orphan works） 143
個人情報 103, 130
コンテンツの所有 17
コンテンツのブロッキング 101
コンテンツ流通 14, 129, 134

■サ行
サービス・プロバイダー 83
サブスクリプション・システム 18
自炊型 72
消尽 16, 20
集中処理モデル 3
情報社会指令 119
侵害誘発サイト 101
スリーストライクルール（Three Strikes Rule） 102, 104
　アイルランド 118
　英国 112
　韓国 114
　台湾 117
　ニュージーランド 109
　フランス 106
　米国 121
セーフハーバー条項 100
積極的な監視義務 85

■タ行
大域特徴 161, 165
知的所有権執行指令 126
直接侵害 12, 89
通信の秘密 123
通知後削除（notice & takedown） 99, 157
データベース権 149, 152, 153
ディープ・パケット・インスペクション 61, 113

索　引

デジタルアーカイブ　142
デジタル経済法　112
デジタル著作権管理　157
デジタルミレニアム著作権法（DMCA）
　99
電子行政オープンデータ戦略　136
電子指紋　159
電子商取引指令（ECD）　99
電子透かし　158

■ナ行
二次的侵害　12, 90

■ハ行
配信型　72
ハッシュ値　158
パブリック・ドメイン　138, 148
パブリック・ドメイン・ツール　147
パブリック・ドメイン・マーク　148
反復的侵害者　101, 103, 127, 128
反復的侵害者対処ポリシー　82, 84
表現の自由　103, 127, 128, 130
標準的技術的手段　82
ファースト・セール・ドクトリン　15, 20

フィルタリング　101, 126, 127
プライバシー　56, 57, 69, 103, 127, 128, 130
プライベート型　72
ブロッキング（blocking）　100, 126, 127
分散処理モデル　4
米国国立標準技術研究所（NIST）　2, 163
米国著作権法 512（c）条　80
米国著作権法 512（d）条　80
平成 24 年著作権法改正　27

■マ行
まねき TV 事件　30
モニタリング　126, 127

■ヤ行
ユーザーのブロッキング　101

■ラ行
リーチサイト　37
頒布権　94
ローレンス・レッシグ（Lessig, R.）　145
ロクラクⅡ事件　30
ロッカー・サービス　71, 116
ロバスト性　158

執筆者略歴（執筆順）

小泉直樹（こいずみ なおき）　はしがき・第1章
1961年生まれ，1985年東京大学法学部卒業．神戸大学教授，上智大学教授などを経て，現在，慶應義塾大学法科大学院教授．
著書：『知的財産法入門』（岩波新書，2010年），『特許法・著作権法』（有斐閣，2012年）ほか．

奥邨弘司（おくむら こうじ）　序章・第3章
1968年生まれ．1991年京都大学法学部卒業．1998年ハーバード・ロースクール修士課程修了（LL.M.）．電機メーカー法務本部勤務，神奈川大学経営学部准教授を経て，現在，慶應義塾大学法科大学院教授．
著書：『フェア・ユースの考え方』（共著，太田出版，2010年），『著作権法コンメンタール Ⅲ』（分担執筆，勁草書房，2009年）ほか．

駒田泰土（こまだ やすと）　第2章
1969年生まれ．1998年筑波大学大学院社会科学研究科博士課程修了．博士（法学）．群馬大学社会情報学部専任講師等を経て，現在，上智大学法学部教授．
著書：『職務発明』（共著，有斐閣，2005年），『知的財産法演習ノート（第3版）』（共著，弘文堂，2013年）ほか．

張睿暎（ちゃん いぇよん）　第4章
韓国生まれ．韓国延世大学法学部卒業．早稲田大学法学研究科博士後期課程修了．博士（法学）．早稲田大学助手，衆議院調査局客員調査員，桜美林大学および立教大学非常勤講師を経て，現在東京都市大学メディア情報学部准教授．
論文：「著作物ユーザに権利はあるか—新しい著作権法フレームとしての人権—」『知財年報2009』（別冊NBL no.130，商事法務，2009年12月，294-306頁）

生貝直人（いけがい なおと）　第 5 章
1982 年生まれ．2012 年東京大学大学院学際情報学府博士課程修了．
博士（社会情報学）．現在，情報・システム研究機構新領域融合研究
センター融合プロジェクト特任研究員，クリエイティブ・コモンズ・
ジャパン理事等を兼任．
著書：『情報社会と共同規制』（勁草書房，2011 年），『デジタルコン
テンツ法制』（共著，朝日新聞出版，2012 年）ほか．

内田祐介（うちだ ゆうすけ）　第 6 章
1983 年生まれ．2007 年京都大学大学院情報学研究科修士課程修了．
同年 KDDI 株式会社に入社．現在，(株)KDDI 研究所研究員．映像
検索技術，画像認識技術，画像処理技術に関する研究に従事．
論文：「大規模特定物体認識の最新動向」『電子情報通信学会誌』
Vol.96, No.3, pp.207-213, 2013.

KDDI総研叢書
クラウド時代の著作権法　激動する世界の状況

2013年 7 月20日　第 1 版第 1 刷発行
2013年10月20日　第 1 版第 2 刷発行

著者　小泉直樹・奥邨弘司・駒田泰土・
　　　張睿暎・生貝直人・内田祐介

発行者　井 村 寿 人

発行所　株式会社　勁　草　書　房
　　　　　　　　　　　　　けい　そう

112-0005　東京都文京区水道2-1-1　振替　00150-2-175253
　　　　　電話（編集）03-3815-5277／ＦＡＸ 03-3814-6968
　　　　　電話（営業）03-3814-6861／ＦＡＸ 03-3814-6854
　　　　　　　　　　　　　　　　　　　港北出版印刷・牧製本

Ⓒ KOIZUMI Naoki, OKUMURA Koji, KOMADA Yasuto,
CHANG Yeyoung, IKEGAI Naoto, UCHIDA Yusuke　2013
Printed in Japan

JCOPY　＜(社)出版者著作権管理機構　委託出版物＞
本書の無断複写は著作権法上での例外を除き禁じられています。
複写される場合は，そのつど事前に，(社)出版者著作権管理機構
（電話 03-3513-6969、FAX 03-3513-6979、e-mail: info@jcopy.or.jp）
の許諾を得てください。

＊落丁本・乱丁本はお取替いたします。
　　　　　　http://www.keisoshobo.co.jp

クラウド時代の著作権法
激動する世界の状況

2024年9月20日　オンデマンド版発行

　　　　　　　　　小泉直樹・奥邨弘司
　　著　者　　駒田泰土・張　睿暎
　　　　　　　　　生貝直人・内田祐介

　　発行者　　井　村　寿　人

　　発行所　　株式会社　勁草書房

112-0005 東京都文京区水道2-1-1　振替　00150-2-175253
　　（編集）電話03-3815-5277／FAX 03-3814-6968
　　（営業）電話03-3814-6861／FAX 03-3814-6854
印刷・製本　　（株）デジタルパブリッシングサービス

Ⓒ KOIZUMI Naoki, OKUMURA Koji, KOMADA Yasuto,　　AM275
　　CHANG Yeyoung, IKEGAI Naoto, UCHIDA Yusuke 2013
ISBN978-4-326-98616-3　　Printed in Japan

JCOPY　〈出版者著作権管理機構 委託出版物〉
本書の無断複写は著作権法上での例外を除き禁じられています。
複写される場合は、そのつど事前に、出版者著作権管理機構
（電話 03-5244-5088、FAX 03-5244-5089、e-mail: info@jcopy.or.jp）
の許諾を得てください。

※落丁本・乱丁本はお取替いたします。
　　　　https://www.keisoshobo.co.jp